天下文化
BELIEVE IN READING

哈佛創意美學課

鍛鍊商業美學力 打造改變世界的暢銷商品

大衛・艾德華斯——著
許玉意——譯

Creating Things That Matter.

The Art and Science of Innovations That Last

By David Edwards

目次

Contents

第三部

創造一個人人想要的未來

導言

我們創造的東西大多都不太重要。而這本書要談論的則是那些有用的創造活動，也就是如何創造出對這個星球有長遠價值的東西。

人無時無刻都在發揮創造力，還記得小時候堆起的第一座沙堡、寫下的第一篇作文、撒的第一個小謊嗎？對我們來說，基於自身需求而進行創造，感覺是一件相當輕鬆又容易的事；但若談到要為他人創造具有長遠價值的東西，卻彷彿是個崇高又遙不可及的任務。

的確，創造新穎且恆久重要的事物，恐怕是我們嘗試過最困難的事情之一。在通往創新的道路上，成功的關鍵與一般的刻板印象迥異：相較於追求個人利益，我們更需要具有關懷的同理心；相較於擁有豐富的經驗，我們更需要懷抱天真的好奇心；相較於具備工程才華，我們更需要培養美學智慧；相較於傲慢自大，我們更需要能夠謙恭自省。

許許多多的藝術家、科學家、工程師、設計師、創業家，以及其他創新領域的先驅者在藝術表現或創造活動之中結合美學，因而創發出那些改變我們日常生活及思考方式的事物。

其中，美學顯得相當重要：看似完全無關緊要的東西，卻可能正是關鍵所在。

美學不僅是創造者思維過程中的基本元素，也是締造非凡事物的重要來源，無論是西斯汀教堂或量子力學都受益於此。藝術與科學往往被認為是兩個相互對立的領域，但由於美學的介入，卻能彼此融合在探索未知的過程中。

經驗美學（Experiential aesthetics）在十九世紀末、二十世紀初的社會、科技與文化的動盪中孕育而生。義大利哲學家克羅齊（Benedetto Croce）在《美學：作為表現科學和普通語言學的感性》（*Aesthetic as Science of Expression and General language*）中寫道：美學通常被視為一套用來評判「什麼是美」的原則，因而不斷在繪畫、雕塑、建築、舞蹈等藝術形式中建立與修正各種原則，這是愚蠢又毫無意義的行為。根據克羅齊的說法，美學與創造過程的關係明顯大過於創造的結果，因此美學能將藝術與科學合而為一。

美國哲學家暨教育家杜威（John Dewey）在《藝術即經驗》（*Art as Experience*）中進一步探討這個觀點。杜威認為，美的形式能夠成功傳達人類隱微的感覺經驗。日常生活中的任何事物都可能是美的，無論是一本小說、一支舞或者一座橋。所傳達的經驗愈具有普世性，且愈能與人類漫長的生存軌跡連結在一起，就愈能完美的表達或創造，也就愈貼近我們所謂的「藝術」。

透過這本書中的創意美學課，我們將共同探討如何讓自己成為一個創造者、創造活動對個人而言具有什麼樣的意義，以及這樣的行動為何有助於促成一個更符合我們期待的世界。透過回顧著名創造者們的實踐歷程，引導我們了解該如何去觀察、去夢想、去行動。這樣的探究方式，對許多董事會及商學院而言或許是新穎且陌生的，但事實上它的歷史與人類同樣久遠。

第一部

創造的美學

第一章
用美學創造改變世界

在我心中，老爸的身影比其他人的爸爸都還要巨大，在成長過程中，他總是讓我驚嘆連連。記憶中最開心的事情，莫過於老爸牽著我的手一起走進地下室，花整個下午一同組裝火車軌道，讓玩具火車蜿蜒穿越那五顏六色的村莊。記憶中最好的滋味，莫過於老爸跟我坐在門廊前，由他示範如何邊吃蕃茄邊撒胡椒粉，我們就這樣大快朵頤，任憑紅色汁液從嘴角流下。當老爸看足球比賽時，我喜歡坐在他身旁，學著他對著電視高聲歡呼、瘋狂嘶吼。

老爸熱愛教學，學生似乎就像是他的第二個家庭，這實在讓我有些擔心。每當他邀請學生來家裡，我總會仔細觀察他們，彷彿繼承老爸品格與言行的是他們而不是我。因此我總會透過貼身觀察，補足自己缺失的片段，讓自己更符合老爸在我心中的形象。記得我十三歲那年的某一天，老爸與學生在電話中一來一往的熱切討論著化學問題，那時的他就站在廚房中央，平時我媽在那裡做美味的巧克力餅乾時，他總愛在她身後搶麵團給我們。他與學生之間這種與家庭無關的化學談話讓我非常惱火，忍不住大喊：「別說了！」我實在無法忍受將父親分給別人，一點兒也不行。

他是我老爸，專屬於我，而且無可取代。只要在他身旁，我總感覺充滿能量，但偶爾也會感到孤寂，這就好像沐浴在溫暖的陽光下，難免被炫目光芒刺得看不清前方。等我長大離家後，和老爸見面的次數愈來愈少。在大學及研究所畢業後，我意外的從原本的社區大學搬到麻省理工學院任教。之後，我開啟屬於自己的旅程，嘗試全新的事物，探索老爸所不知道的世界。我來到巴黎，成立一個叫做「實驗室」（Le Laboratoire）的藝文空間，並在此舉辦一些十分特別的展覽，例如和南非藝術家肯特里奇（William Kentridge）合作，用藝術來探索「現在」的意義；以及和法國鬼才設計師史塔克（Philippe Starck）合作，以味覺噴霧劑創造全新的感官體驗。

在辦展期間的某一天，我受邀到電台接受訪問。那天下著雨，我穿著溼漉漉的牛仔褲，心神不寧的來到位於克萊里街（rue de Cléry）的電台。兩位電台工作人員在大門口迎接我，引導我進入一個小小的錄音間，讓我坐在一個大大的麥克風前，並幫我戴上一副沉甸甸的耳機。過不久，我聽到一個低沉又熟悉的聲音。那是美國國家公共廣播電台（NPR）派駐在亞特蘭大的記者，他問我是否願意開口唱歌。我笑了，心想這是什麼問題。我回答：「不了，我完全沒有歌唱天分。」他回我說：「我太太也沒有，但你還不是要求她唱了。」原來他太太剛好人在巴黎，不久前才從戴高樂機場跟他通電話，談到她在「實驗室」體驗一個名為「聲音震動」（Vocal Vibrations）❶的展覽。

「這太神奇了，」我說：「我希望她喜歡這個展覽，但我還是不會唱歌給你聽。」於是我們都笑了，笑容化解彼此間的陌生感，我也如他所期待的敞開心扉。

我們聊著聊著，當記者問到誰是我的創造力啟蒙者，以及我是否想藉這個機會

❶ 編註：「聲音震動」是一場裝置藝術展覽，目的在邀請參觀者重新體驗聲音產生的震動現象，以及聲音與人體生理間的互動關係。

感謝這個人。我想了想，說：「有的，那正是我的父親。」

他接著問：「令尊是否曾分享任何祕訣給你？」

「他的確做了一件事，」我回答：「對我影響深遠。」我想起小時候爸爸坐在地上和我一起玩，一起用我的玩具士兵發想遊戲。當一個孩子和他的父親躺在冰冷的水泥地上，我們相互合作，共同創造重要的事物。

說著說著，我哽咽了。受訪時在全然陌生的人面前無法控制情緒，這是以往從來沒有發生過的狀況。這太瘋狂了！這位記者不知為何問到我的內心深處。坐在狹小的錄音間裡，我彷彿回到那間郊區小房子的地下室，重新經歷與老爸共同創作的時光，以及日後令我傷心欲絕的被迫分離。

這類回憶往往威力強大，尤其是當我們長大後的創造活動已和童年時期大不相同。當我們還是個孩子時，無論是編一個故事、蓋一間玩具屋，或是為娃娃塑造獨特的個性，根本不知道最後成品會是什麼樣子，我們只是全心全意投入其中，盡情馳騁在想像力的世界。然而當我們進入學校，往往會被要求依循當代創造的兩條標準路線：「商業創造路線」與「文化創造路線」，依照它們各自的規則和標準來進行創造。童年時那種大膽又冒險的創造手法：我們可以稱之為「第三條創造之路」，往往就會逐漸被揚棄與遺忘。

在兩種創造路線之外另闢蹊徑

在「商業創造路線」中，經營者往往會竭盡所能搶先他人一步，發現並創造滿足消費需求的產品，藉此獲取商業利益，而全世界也可能因此獲益。商業創造就像一場競爭激烈的體育比賽，成功的關鍵組合包括：科學的分析、強大的技術、獨特的專業，以及良好的自由市場環境。我們可以透過這樣的模式，投注大量資源製造一款新型飛機或新鞋，並預計在幾年內就能回收成本。

而在「文化創造路線」裡，創作者會以寫一本新書、創作一首樂曲或編一支舞等形式來表達個人經驗及藝術天賦，希望最終或許能藉此改變人們的思考與生活方式。相較於商業創造而言，文化創造通常無法在短期內快速完成。文化創造所投入的成本有可能是創造者所擁有的任何東西，儘管有時也能獲利，但報酬通常較為無形，例如促成人道或文化上的貢獻。文化創造的目標比較偏向個人，而報酬則往往來自表達出的文化。

「商業創造路線」就像是擲飛鏢。我們瞄準目標後射出，只有「擊中」或「沒擊中」兩種結果。「文化創造路線」則像是徒步穿越未知的峽谷，沿途蜿蜒曲折卻也引人入勝，順利的話將帶領我們到達令人驚奇之地。

擲飛鏢的方法在我們的學校、企業、政府機關內深受好評，因為效果最好。多年來，「商業創造路線」是如此迅速且有效，如今幾乎已經成為「創造」的同義詞。即便是電影、書籍、音樂等內容創造產業，現今也大多採用與製造新手機或汽車相同的策略。作品之所以要通過一連串商業流程才得以問世，原因不外乎是對現今文化產業而言，短期獲利能力的重要性遠高於徹底改變人類最終思維與感受的長期影響。

若由社會資源的配置來看，商業陣營再次擊敗文化陣營。關於這點，我們可以從一些統計數據來說明。拜科技不斷進步與商業化所賜，人類平均預期壽命自一九〇〇年以來的三十歲飆升至今日的七十歲以上，全球嬰兒死亡率也從原本的三五%降至不到五%。值此同時，不同國家、種族，以及因貧富差距造成的衛生條件不平等現象亦大幅改善，兒童營養不良比率從一九〇〇年占開發中國家的三五%、已開發國家的二二%，進步到現今全球僅占不到五%。世界各地的人們如今普遍享有基礎教育、潔淨的自來水、資源回收、各種資訊與娛樂等。多虧這些創新商業模式，今天我們擁有的生活品質比過去任何一個時代都還要更好。

為擁有舒適生活所創造出的事物顯然非常重要，不僅可以為我們帶來直接利益，在生產與交易的歷程中，也為我們創造工作機會、帶來許多間接利益。然而另一方面，我們猛然發現過去引以為傲的許多發明，不論是摩天大樓還是聚酯纖維衣服卻可能為世界帶來危機。目前我們正面臨的困境包括：不斷消失的工作；日益匱乏的水資源、礦產、清淨空氣及其他自然資源；大量物種瀕臨滅絕；散布在海洋中的塑膠垃圾；海平面上升；以及持續擴大的醫療保健與教育不平等。問題根源於我們所創造的東西：我們是如何製造它們？當失去效用時又是如何處理它們？無論是有意或無意，人類的所作所為確實造成一連串的連鎖效應。

現代通訊和運輸技術的快速發展，模糊了都市與鄉村、住家與辦公室的界線，也打破因共同利益而凝聚群體的傳統社會運作方式。單憑一件創新事物，比方說

iPhone，便足以改變數十億人的生活：週日晚上七點，正當許多人準備坐下來享用晚餐，一則從美國華盛頓用iPhone手機發出的推特訊息，就可能足以點燃國際間的戰火。

當然，人類歷史上也曾遭遇過多次艱鉅的挑戰，當時所提出的創造性解決方案似乎總能將障礙一一克服。然而，「商業創造路線」顯然無力應付當前所面臨的挑戰。近幾十年來，我們已經意識到：空氣品質惡劣會導致人類壽命縮短；化石燃料會造成地球氣溫升高；人們對含糖食物上癮會加劇全球肥胖症盛行。上述問題都有一個或多個科技解決方案。儘管如此，商業創造者（諸如汽車製造商、煉油廠和食品製造商等）卻大多不願投資那些長期看來有助於促進人類健康的創新方案。原因很簡單，因為那些遙遠未來才會看到的長期價值，在眼前短期財務報表上能夠呈現的利益根本微小到可以直接忽略。

另一方面，當今的「文化創造路線」雖然能引導我們去感受周圍世界、創造出能表達我們感受的事物，但往往只能個別獨立發展，無法在能實質改善人類處境的機構中獲得落實，自然無法像過去那樣持續且深刻影響人們的思考與生活方式。

現在我們所享有的物質生活明顯優於過去一個世紀，想要改變人們的思考與生活，難度更勝以往。真正困難之處不是「如何創造有助於人類健康的事物」，而是「如何誘使人們在無法立即感受到好處的情況下，願意改變既有的思考與生活方式」；真正困難之處不是「如何創造有助於人與人互相聯繫的事物」，而是「如何讓人們運用社交網路，與他人建立關係並進行有意義的對話」。

面對上述各式各樣的挑戰，我們愈來愈難用「好處」來說服人們接受一項全新事物，而必須傳達出超越個人利益的吸引力，也就是「美」，來破壞原本已經被基本需求所滿足的市場。正如同戴森（James Dyson）在家用電器市場（從無塵袋吸塵器到無葉風扇），以及馬斯克（Elon Musk）在電動汽車市場（特斯拉）所做的那樣。

邁向美學創造之路

「美學創造」即是「第三條創造之路」，是一種最自然的創造路線，也是創造者經過與世界的敏銳接觸所帶來一種全新的創造模式，能充分表達我們所感知到的事物。

當一個小女孩在哥哥面前掂起腳尖轉圈圈、上課時在紙上塗鴉，或是寫下第一封情書時，她就是在創造美感經驗。她以早被成人遺忘的天真與敏感之心，體會、期待、觀察與感受這個世界；她以創造（例如轉圈圈的姿態或一首情詩）來表達自身感受。不論是女孩所創造的事物，或是他人對此事物的回應，都在某種程度上造成她的改變。旁人在女孩的塗鴉或情詩中，可能會看到一些她從未透露過的訊息，因而對她有更深一層了解；同時也可能在觀賞過程中意外的被觸動，因而產生出不同的想法或感覺。

我們在米開朗基羅的西斯汀禮拜堂穹頂壁畫，或是在愛因斯坦的「相對論」中也能經歷相似的體驗。這暗示著一切偉大的創造，都延續自孩童投入創造活動中那種芬芳、短暫且脆弱的可能性。

美學創造極有可能在未來的某一天改變世界，但它是如此的脆弱，需要一個支持創造的文化環境始能孕育。就像深藏在我心中那些童年美好創造經驗的回憶，以及對父親的思念與感激，讓錄音間裡的我久久無法言語。

當我們說某件事物很美時，究竟是什麼意思？

在我寫下這些文字的此刻，我人在美國麻州，坐在義大利製的沙發上，啜飲由厄瓜多咖啡豆烘焙的濃縮咖啡，吃著佛羅里達的甜橙，身穿印度製的毛衣，看著太太從巴黎傳來的訊息。我有三個電子信箱，裡頭共儲存超過兩千封信件。當我隨時打開手機、平板或電腦的螢幕，都會收到來自《紐約時報》、《世界報》（*Le Monde*）、《華爾街日報》，以及其他新聞網站彈跳出來的視窗訊息。我大可停止寫作、關掉大腦，在網路世界漫不經心的消磨一整天，任憑來自世界各地的奇聞異事把我淹沒。

然而與此同時，在我們身處的真實世界中，無論是政治、社會、經濟或科技領域，每分每秒都可能隨時發生難以預期的變化。我們的生活也因為人類豐沛的創造活動而日新月異，即使我們從來不曾要求什麼，但世界彷彿每分每秒都在為我們而改變；一切發生得如此自然，就像是有一大群人每天窩在實驗室，為我們進行著各式各樣的實驗與發明。

事實上，數以百萬計的實驗確實有可能在某一天改變人類的生活，特別是在這個消費主義盛行的時代裡，如果我們能穿越重重迷霧、不被短視近利的眼光所局限，就能在周遭源源不絕的新鮮事物中，獲得許多興奮又驚奇的發現。我們必須擺脫各種八卦新聞的「噪音」，把注意力放在生活周遭的變化與特殊之處，然後創造一些能表達我們真實想法與感受的事物，例如：寫一封信、發表一篇新的部落格文章，或者是發明一個新型的燈泡。從這個角度來說，「美學創造」不僅是迎向美好未來的第三種創造模式，也是一種生活與適應變化的方式。

兒童是美學創造的主人翁，尤其是在他們成長的過程中，不僅必須因應來自生理和心理的巨大變化，應付難纏的青春期賀爾蒙，還得周旋在由師長、同學和朋友構成的人際漩渦之中。在此同時，他們也在情緒的風暴裡、個人危機的挑戰下，創造出專屬於自己的獨特個性、說話語氣、遊戲方式，以及難以記數的其他事物。這個創造過程對孩子的發展至關重要，因為這將影響他適應這個世界的方法，以及決定要以什麼樣的方式展現自我，就如同走過成長之路的我們一般。

當我們著手創造新事物，無論是建立一種穿衣風格或是寫一本小說，我們都會在這些事物上注入自己的美學，不僅能取悅自己，同時也希望周遭的人感到開心。讓他人開心需要時間，但假如我們能在堅持創造性過程的同時，留意他人給予的反饋，並在過程中做出相對應的調整，我們便能從中獲得更多的喜悅。這並不是說我們非得迎合他人的觀點，而是要學會傾聽不同的意見，從中汲取有價值的建議，並試著調整自己的觀點。創造是一種慷慨之舉，就像是將自我最寶貴的部分贈與他人。

美學創造究竟是如何成功的運作？有時又為何會無法奏效？想深究其原因，就牽涉到我們所謂的「美學」是什麼？當我們說某件事物很「美」時，到底指的是什麼意思？

事物的外表向來很重要，但「美」的判斷標準卻並非永恆不變。以傳統美學中的「對稱性」原則來說，古埃及吉薩金字塔（Pyramids of Giza）以完美的對稱結構著稱；但隨著美學觀點的改變，在由蓋瑞（Frank Gehry）設計的畢爾包古根漢美術館（Guggenheim Museum in Bilbao）中，對稱性已經變得非必要、甚至被視為違反自然。又如所謂的「華麗」，在傳統巴洛克風格時代，是像梵蒂岡聖彼得廣場那樣精緻的裝飾；然而隨著包浩斯（Bauhausera）風格的興盛，已經被直挺的背椅、極簡風格的房屋設計所取代。還有一個有趣的例子值得觀察，在經濟蕭條的時代裡，消瘦的身形被視為貧困的特徵；然而在富裕的時代裡，消瘦的身形卻被認為是代表個人因關注自身健康所做的努力。

由此可知，所謂的「美」乃是主觀的，取決於評斷者是誰、他過去的經歷，以及身處的地點和時代。美學既然是對於美麗事物的研究，自然經歷過一段蜿蜒崎嶇的發展歷程，關於這點，值得我接下來花些篇幅作說明。

古老的傳統美學

什麼是「美」？人們通常很難取得完全一致的共識，但在每個時代、每個地方、每個文化之中，似乎都能向我們展示一個獨特的美學觀。

畢達哥拉斯學派與享樂主義者，以及後來的伊比鳩魯學派和斯多葛學派，這些學派都是經由美感體驗旅程來追尋自我實現。畢達哥拉斯學派與斯多葛學派著重在心靈，渴望了解宇宙並節制物質欲望；伊比鳩魯學派則著重在欲望滿足後，內心產生的寧靜與愉悅。他們在追求美的同時，也努力過著合乎道德的生活，並從中獲得快樂。

柏拉圖認為，短暫之美（如宏偉的建築或精妙的推論）能引領我們通往普世的永恆之美；永恆之美與良好的生活與道德有關，藉由持續不斷的自我改善，以及養成節制、勇氣、智慧、正義等美德，我們可以在創造的事物中（無論是孩子的塗鴉或精美的工藝品）實現自我完成（self-completion）。這些事物之所以美好，乃是因為它們能引領我們走向良善（the Good）。

對柏拉圖來說，美學與經驗是不可分割的。美與經驗息息相關。理性主義哲學家把人類的感知分為兩類：直覺與推論。人類直覺的美學表現稱為「藝術」，推論的美學表現則名為「科學」。然而創造物也可以是直覺和推論兩者的綜合體，例如帕德嫩神廟不僅是藝術創造的成果，同時也是科學和工程學的傑作；米開朗基羅的西斯汀禮拜堂壁畫之所以令人印象深刻，不僅在於美得讓人讚嘆，更展現出當時的解剖科學成果。因此，在早期的美學傳統中，藝術和科學是一脈相承的。

藝術與科學的分裂

牛頓在科學上的發現，開啟西方世界對於藝術、科學、美學和人類經驗截然不同的觀點。牛頓和同時代的科學家證明，宇宙間萬事萬物和諧運作的背後蘊藏著一套明確的規則。拜科學理論進步之賜，我們似乎開始擁有預測未來的能力，就算無法完全預測，至少能對可能發生的情況做出合理有據的猜測。一旦你能掌握與未來相關的條件，所有事物將水到渠成，就如同二加上二肯定會得到四一樣。你可以預測風如何運動，並據此設計出飛行器；可以從蒸汽機的運作，推論出熱核導彈的原理；可以理解生物基因，甚至在實驗室中創造出生命。

顯而易見的，上述種種創造都是有用的。對於投入資源創造新事物的人而言，科學以廣泛的實用功能證明其優越性；相較之下，藝術看起來似乎就不那麼「有用」。於是，人們將「科學」與「藝術」視為對立的兩面，似乎是再自然不過的事，畢竟前者實用，後者則否。

在我們思索如何創造未來的過程中，個人經驗似乎愈來愈不重要。人類的感覺與夢想並無法左右或改變未來的發展；而是在物理定律的幫助下，我們才有辦法預測明日會變成什麼，進而創造事物來改善人類生活。

自柏拉圖以來，哲學家們把美、經驗和倫理學結合歸類到一個更大的研究領域，稱為「價值論」（axiology）。在後牛頓時代，從休謨（Hume）到康德（Kant）等哲學家都認為，美無關乎個人的經驗，美學只是一種客觀審視藝術作品的手段。

當代的經驗美學

與此同時，西方社會也在快速變化。政治革命席捲法國，緊接著是歐洲。從十九世紀初開始，工業革命將社會經濟的動力從農場轉移到工廠，於是人類從原本與地球直接接觸的體驗，轉變成間接由軋棉機和蒸氣機等機器代勞的體驗。工業革命帶來生產力的倍數成長，但最終財富卻集中在大型企業手中。其他諸如電力照明和基本衛生設施等創新，則進一步鼓勵人們生活在大城市，促進大規模的人口遷移。在此同時，一些國家的政治型態也從傳統的由上而下君主治理方式，迅速轉變為參與性更強的由下而上的民主政治。

現代西方社會的藝術表現形式已經與昔日截然不同。從馬奈（Manet）到畢沙羅（Pissarro）這幾位印象派畫家的作品中可以清楚發現，人類體驗已深受火車旅行、都市生活，以及攝影等新技術的徹底影響，使時間與空間的界線變得模糊難辨。然而當時的學院派幾乎無法容忍違逆傳統藝術規則的創作，於是印象派畫家選擇掙脫傳統束縛，自行舉辦畫展，開創出前衛藝術的道路。進入二十世紀後，藝術上的立體派（cubism）以及科學上的相對論和量子物理學，又進一步深化這些顛覆時間與空間的觀念。藝術和科學的先驅者已意識到這些前衛創作的一致性。

美國實用主義哲學家杜威（John Dewey）主張人類生活充滿實驗性，將內在經驗有效傳達出來的行動就稱為「藝術」。杜威在《藝術即經驗》（*Art as Experience*）中告訴我們，感知和表達生存狀態的美感經驗是連結藝術與科學的基礎。杜象（Marcel Duchamp）於一九一七年的著名作品《噴泉》（*Fountain*），本質上就是一個改裝後的現成便斗，但現代人能夠從中看到美，就像認同帝國大廈的美一樣。前衛的藝術家和科學家從作曲家史特拉汶斯基（Igor Stravinsky）到物理學家薛丁格（Erwin Schrödinger）都服膺於這種新美學；然而，在學校、大學、企業和政府部門中，藝術與科學之間的劃分依舊存在。

一九五九年，身兼科學家與小說家身分的史諾（C. P. Snow）在劍橋大學發表一場題名為「兩種文化」的著名演講，他大力抨擊藝術與科學的截然劃分。他認為，如果我們無法將兩種文化重新合而為一，二次大戰後面臨的諸多重大問題將無法得到解決。這場演講及其同名書籍立即成為經典。

史諾主張，當代社會的挑戰性與複雜性，無論是能源危機、文化衝突、資源分配不平等問題，都遠超過科學家長期以來的想像，衝擊著科學預測及解決未來問題的能力。因此，沒有人文學家的幫助，科學家將會迷失；沒有科學家的幫助，人文學家也將會迷失。我們正處於嶄新時代的交界處。如果不試圖尋找將藝術與科學融合為一的方法，讓直覺、推理與實驗自然而然的結合起來，人類文明極有可能將面臨危急存亡之秋。

史諾的觀點雖然終究沒有改變社會運作的方式，但確實有其道理。如今，追求生產與消費效率的思維仍然主導著我們的企業、學校和政府。相反的，如果你張開雙手擁抱新的經驗美學，你的生活和工作方式將會走在人類經驗的尖端；反之，你仍舊擁抱著舊的美學觀，則可能自我局限。

在二十世紀裡，科學所展現的巨大開創能力，讓那些依靠科學贏得戰爭和推動經濟發展的人對自己的做事方式深具信心。一系列開創性的進展仍在持續的進行；無論是粒子物理學（particle physics）、生物學、核化學、神經科學、人工智能等領域，沒有所謂神聖的真理。科學論文與發現不斷湧現，使得各項科學過程和結果漸趨一致。

同樣的進展也發生在前衛藝術領域，從波拉克（Jackson Pollock）、安迪沃荷（Andy Warhol）到艾里亞森（Olafur Eliasson），藝術家的創作方式及作品都受到高度的重視。藝術工作室的規模不斷擴大，生產效率也像科學實驗室般不斷增長。藝術先鋒們就像科學先鋒們一樣，探索著模稜兩可又不斷演變的人類現實。

可惜的是，在企業、學校、政府等大型組織的世界裡，藝術的重要性往往仍被忽視。現實中我們看到，藝術偏離經驗開創的道路，助長失控的商業化發展；而科學脫離美學，為短期的經濟和政治利益服務，引發今日面臨的永續性危機。這些現實在在證明史諾所言不虛。我們全都處於嶄新時代的交界，「美」和「人類經驗」

不僅過去曾緊密相連，時至今日依然如此。

我們的文藝復興

在人類因固執追求短期利益而引發的永續性發展危機中，我們碰巧處於一場非比尋常的「草根性文藝復興」（grassroots renaissance）。當我在構思這本書的過程中，發現有許多理由能支持這個論點。

首先，在過去幾年內，人們已經大大增加公眾表達能力。今日各種創造性的表達活動將數十億人連結在一起：我們是推特的愛用者、部落客或芭蕾舞作曲家，但我們可能也同時是創造出機器人、詩歌、食物、木工或３Ｄ列印的創造者。儘管這類草根創客運動大多是間歇性的創造活動，算不上真正投入創意產業的職業生涯，但它並不遵循既定的商業模式或文化典範，而是傾向採取更直觀的「第三種創造之路」，從不確定性、探索性的個人經驗出發，展現出創造者個人內在世界所真實感知的美。

其次，草根創造者獲得愈來愈多社會、經濟與跨地域上的支持，這些資助者從支持創作的親友到知名慈善家，遍及社會各界。他們就像過去文藝復興時期支持達文西與米開朗基羅等傑出藝術家的資助者一樣，資助創造性活動等同於間接推動文藝復興的來臨。然而，與文藝復興時期不同的是，如今的資助者往往有更多的實際參與，為草根創造者投入前所未有的時間和個人資源，以共同為解決諸多長期永續性挑戰而努力。

第三，專門的創造場域或「文化實驗室」也因應草根創造需求而建立，這個現象與我在本書中講述的當代傑出創造者故事有著密切關聯。這些文化實驗室幫助終身創造者學習，並維持當代達文西的「直覺和推論」、「想像和分析」，以及「藝術和科學」能力。在追求「第三條創造之路」上，堅守職志的藝術家、科學家、廚師、企業家、設計師等透過磨鍊情感和認知狀態，有助於在創新領域生存。這正是全球各地的草根創造者社群在短期創客場域中所傳授的內容。

上述三個發展，對人類共同的未來又將會產生什麼影響？為了回答這個問題，下面我將簡單介紹目前人類在糧食供應、衛生保健、人際交流等三大領域的快速發展；同時也會探討為何我們需要以較為緩慢的「第三條創造之路」，並以永續方式重塑這些領域的發展方向。

創造新的永續飲食體系

我們吃的大多數食物，某種程度上都是人為干預的產物。即便是餐桌上常見的番茄，也是歐洲和美國雜交育種的產物（以往的番茄較小、空心，而且是野生的）。新品種的食物為商人帶來更多利益，讓消費者更容易取得食物，也使得現今的糧食系統不僅生命週期短，而且難以改變。

在兩個世紀以前，「上兆美元規模的食品工業」根本是無法想像的事情。家族、村莊、城市往往一同飽餐、一同挨餓。富人自然能吃得很飽，但多數人只能就地取材或吃一些穀類含量極少的麵包。直到十九世紀，隨著都市化和人口成長，各種創造性思維讓麵包變得更容易取得，並提供人們更豐富的消費體驗。

一九一二年美國愛荷華州的羅威德爾（Otto Rohwedder）發明自動切片麵包

機，至一九三〇年代麵包品牌「神奇麵包」（Wonder Bread）延燒全美，為美國家家戶戶的廚房創造出奇蹟。突然間，無論你住在芝加哥市中心或偏遠的懷俄明州，大量且新鮮的麵包隨時都能送到家中。後來，人們發明出一種能縮短發酵過程的化學添加物；還發明出一種食品玻璃包裝紙，能使麵包從出爐到抵達消費者家中的這段期間保持新鮮。之後，人們發明更多化學添加物及聚合物，不僅持續提升人們的消費體驗，也使商家得到更高獲利。透過這些創新事物被廣泛的應用，也進而改變對食物的各種體驗。

從食品添加物、塑膠到除草劑和殺蟲劑，新的創造發明藉由商業化歷程走進大眾的生活，讓多數人都能享有味道不錯、營養充足、價格合理、大量且種類豐富的食物。這導致社會人口的營養不良比率下降、人類預期壽命延長，人類是最大的受益者。然而，現代食品體系中的商業創新者從沒想過，當他們力圖解決人類面臨的短期挑戰之時，進步所帶來的長期後果卻會嚴重影響人類的健康和環境，這使得我們不能不停頓下來思考，重新檢視這些由我們創造出來的事物是否必須予以放棄、調整或更換。

一九八八年，科學家首次發現太平洋中含有大量微小塑膠碎片隨北太平洋洋流漂浮。到了二〇一四年，龐大的太平洋垃圾帶長度已經超過兩千七百三十六公里、重達二十七萬噸，內含五兆個塑膠碎片。這還只是海上漂流的垃圾帶之一。根據美國國家環境保護局（EPA）資料顯示，塑膠垃圾中將近一半來自食品包裝，恐怕需要花上數十年甚至數百年的時間才能自然分解。換句話說，垃圾進入海洋生態系統的速度，要比它自然分解的速度快得多。

在過去三十年內，由於人類過度捕撈以及海洋生物誤食塑膠，已使許多海平面以下的生物大量滅絕，這足以反映出海平面之上正發生的事情。殺蟲劑的出現更使得昆蟲消失的數量令人感到驚恐。昆蟲學家長期於德國西伐利亞（Westphalia）監測昆蟲數量的變化，在一九八九至二〇一四年間，每年五月到十月收集的平均生物量從一開始的一點六公斤，下降到後來的三百公克。在《科學》雜誌（*Science*）二〇一四年的一份報告中，研究人員做出結論：隨著無脊椎動物和脊椎動物數量急劇下降，地球已進入第六次大規模滅絕時代。除此之外，可耕農地已經瀕臨生產能力極限，預計到二〇五〇年時，全球將有高達九十億人口，但大部分可耕地僅集中於拉丁美洲和撒哈拉以南的非洲地區。人口不斷成長、森林遭到砍伐、日益嚴重的環境汙染、都市化以及錯誤的政策決定，正嚴重威脅著我們所剩無幾的土地。

簡而言之，我們親手創建出一個能滿足大多數人需求的食物供應體系，實在堪稱奇蹟；但如今我們必須對此徹底重新思考，在創造出食物生產、物流、零售和市場行銷所組成的龐大產業鏈、創造豐衣足食生活的同時所帶來永續性的危機。這些問題是當初創造者們始料未及的，即便他們當時有想到，也心有餘而力不足。

幸運的是，現在的人們有能力可以發想解決方案了。顯而易見的糧食永續危機已經引起人們廣泛注意及投入資源。有許多商業創新者願意挺身而出，幫助人們改變飲食習慣。有一家位於舊金山的新創企業名為「不可能食品公司」（Impossible Foods），它利用化學和工程學原理製作出一種以蔬菜為基底的「肉」，這種素肉不論嚐起來、聞起來、摸起來都像真正的肉。另一家位於劍橋的新創農業科技公司「靛藍農業」（Indigo Agriculture），則利用植物體內有助於增加耐旱、抗疾病能力的維生物，以非基因改造方式提高作物產量。而總部位於德國柏林的零售新創企業「無包裝超市」（Original Unpackaged），則是專門販售零包裝的食品。至於世界各地則出現各種「昆蟲農場」，主要服務是生產取之不盡、用之不竭的可食用蛋白質。

這些不斷出現的新產品與服務，即將改變我們未來的飲食方式。然而假使想要解決當前困境，無法單靠清理海洋塑膠垃圾、養殖可食用昆蟲，或發展新的種植技術。我們所面臨的最大挑戰是，如何能讓每個地方的每個人（而非僅是富人或受過教育的人）都能主動改變以往的飲食習慣。

我們已經對目前的糧食體系依賴太深，若要成功進行改變，意味著必須忍痛揚棄這個多年來有效運作的體系。這是一種與我們在一、兩個世紀前所面臨截然不同的挑戰。在過去，吃塑膠袋包裝的切片麵包確實有其好處，因為當時除此之外的選項只有「不新鮮的麵包」或「沒有任何麵包」，永續性解決方案在當時可能不是那麼的吸引人。確實，我們需要創造未來所需的食物，但我們同時也需要創造對所有人而言都是重要的，同時也必須是美好的食物。

創造新的健康照護模式

在兩個世紀以前，放血、清胃、水銀排毒及各種神祕藥水，這些當時常見的治療方式，往往造成比疾病本身更大的傷害。到了十九世紀中期，開始有人推測洗手應有助於預防感染，但當時的醫生普遍認為缺乏根據而抱持懷疑。直到十九世紀末，法國微生物學家、化學家，同時也是天才藝術家的巴斯德（Louis Pasteur）才終於證實細菌的存在，不久之後便出現第一批疫苗和抗體藥物，以阿斯匹林為基礎所研發出的嗎啡、海洛因、可待因等鴉片類止痛藥物也陸續誕生。

二十世紀初期，流感、肺結核和腸胃感染等傳染病仍是美國人最大的殺手。一九〇〇年出生的孩子，平均預期壽命僅四十七歲。隨著人們對化學和生物學的理解愈多、技術愈進步，平均預期壽命提高、傳染病的威脅也變小，醫學從過去的經驗性技術逐漸發展為成一門科學。因此到了二十世紀末，死亡率已下降五〇％以上，美國人最大的殺手變成癌症和心血管疾病。

到了二十一世紀初，已經有治療型蛋白質（如胰島素）和遞藥系統（如針、幫浦、藥丸、吸入型藥劑和穿皮貼片）等技術問世。人們發明洗腎機、人工心臟，以及功能強大的義肢。我們也擁有先進的癌症診斷與治療能力，以及設備先進的現代化醫院。上述種種創新成果，幾乎都是由創新的商業模式所推動。

與此同時，全球對醫療創新與福利的大規模投資，也導致個人健康相關支出不斷攀升，逐漸超出一般人所能負擔的水準。一九六〇年到二〇一四年間，美國每人年均醫療支出從不到兩百美元，快速增長到超過九千美元，足足成長七倍（經通貨膨脹調整）。美國聯邦政府預算中，醫療保健支出的比例也快速上升，二〇一六年時醫療保健支出已成長為令人難以置信的三．三兆美元。

一個世紀之前，心臟衰竭、肺結核、癌症，甚至是普通流感都能令人致命。今日拜商業創新與科技進步之賜，我們都有機會透過現代醫療保健系統，在疾病的死亡威脅下享受健康長壽的生活。然而，隨著醫療成本不斷上升，這種機會很大程度上取決於我們的收入、種族，以及居住地點。現在，我們若不願被動接受高度不平等的醫療資源分配，就得主動創造新的健康管理方式，設法減少多數人對醫療保健系統的依賴。

我們選擇通往公平醫療保健的道路並不明顯。從基因編輯技術到數位醫學，科技的進步有望使醫療保健產生根本性的改變，從而減輕疾病與臨床照護的負擔。然而，如果希望全世界的人都能享有這些現代醫療服務，勢必得普遍扭轉世人對醫療保健的看法。我們必須使其融入一種更廣泛使用的生活方式，不需依靠醫生的處方，便能為我們的健康提供服務。

今日我們的首要任務，就是讓人們願意主動將各種新發明融入生活，讓醫療保健服務由診所轉移到每個人的日常生活中。從「智慧穿戴式裝置」到「人造肉」，讓人們對這些新事物的接納程度，遠高於去醫院做年度健康檢查。

創造新的人際互動媒介

綜觀人類歷史，大多數時代人們的訊息都局限於生活周遭。我們透過嗅覺、視覺、味覺、觸覺和聽覺等感官來感知這個世界。我們透過個人觀察或與他人交流來取得日常所需的訊息。有時訊息可能來自其他地區或時代，以口述故事、書籍、歌曲、戲劇、歌劇等形式呈現；然而絕大多數時候，我們還是從日常往來的小社群中取得資訊。

這意味著，加州人可能不大了解費城人的想法或他們打算做些什麼；巴黎人也難以確知生活在維也納會是什麼光景。儘管我們能從文學藝術作品或旅行家的口述中一窺其他地方的樣貌，但對廣袤世界的認識大多仍出於想像。這樣的孤立狀態有其優缺點。缺點是無法及時得知世界正在發生的事，我們對未來的了解及掌控能力因而受限，我們實在無從得知是否有費城人計畫殖民加州人，或是維也納人打算向巴黎人宣戰。但另一方面，優點則是我們會更加關注身邊的人、分享更多共同信仰與價值，這有利於增強社會凝聚力，幫助人類生存。

今日情況則完全不同。為了使人們無論身在何處都能與外界保持聯繫，十九世紀的創造者發想出各式發明。一九二〇年，人們的客廳首次出現廣播新聞、娛樂新聞、體育賽事，以往得親臨現場才能得知的消息，如今都能直達家中。全球通訊市場為我們帶來全球定位系統、網際網路，以及規模龐大的全球行動通訊覆蓋率。現代的通訊系統如此發達，人們已經難以想像沒有它的生活將會如何。

到了二〇一五年，美國人平均每天花在各種媒體上的總時數，竟然超過十五小時。這個驚人的數字意味著，許多人除了睡眠、飲食、與親友交談及日常瑣事外，大多數時間幾乎都花在媒體上，甚至切斷與周遭世界的聯繫，完全沉浸於虛擬的感官經驗。我們靠它來聽、來看、來感受世界，與它一起玩、一起說話、一起作夢，並據此建構自己的未來，彷彿多媒體即是我們的頭腦。

以往我們在大街上悠然散步、乘著夜色回家，或在客廳裡度過一個寧靜夜晚時的感官體驗，如今都可以在一個混合人類與人工智能的虛擬世界中尋得。我們藉由經驗的下載與上傳分享彼此生活，用一個螢幕串連起兩個主體的認知與情感體驗。隨著科技的進步，我們早已習慣在數位影音環境中，傳遞自身虛擬的存在。

目前仍然沒有確切的證據，可以說明上述現象對我們的健康、工作、生活方式、社交行為及自我意識到底會有什麼樣的影響。然而，不斷增加的焦慮症、憂鬱症、注意力不足過動症，以及社會、政治和宗教上的動盪，確實很可能與此相關。現代傳播科技下的人際互動模式，已經完全改變人們投票的方式、改變政治人物的行為方式，當然，也改變我們認識世界的方式。

改變這個日益緊密連結的新世界，不僅能改善人類過去創造之物所帶來的問題，也能讓我們得以從中獲得長久的福祉。就永續飲食與健康照護的未來而言是如此，對於人際互動的未來也不例外。為了完善新的人際互動方式、促使大規模互聯的全球人類社會可以永續發展，我們所創造之物都不再只是滿足以往未能滿足的需求，而是以新的創造方式應付需求。如果新的創造能被大眾普遍接受，必然是因為它有著讓人深受吸引的美。

我們該怎麼做？

也許你會說，人類面臨的挑戰如此巨大，以致一切看起來彷彿難以改變，我們只能認命的接受現實；全球體系的確不盡完美，但眼前的危機看來不至於影響我們的生活太大，反正我們無能為力，不如繼續放空腦袋，日子過起來會比較容易。

不過就人類生理機制而言，我們的大腦顯然並不是用來放空的。大腦總是用盡各種方法幫助我們生存與發展。生理機制鼓勵我們關心所生活的這個世界，一旦我們自認無法影響環境而不再關心、不再投入，我們便失去千年來人與環境間的平衡。我們過度依賴理性的思考，任憑情感與認知背道而馳而做出錯誤判斷。我們過度依賴知識的學習，導致「做」與「學」的分裂，無法按照自己的意願與需要來學習。當代神經科學顯示，當我們的情感與認知能積極的彼此互動，並從「做」中「學」，大腦自然能展現更好的運作及更高的效用。人天生就傾向於關心這個世界。

因此，讓我們再度回到這個重要的問題：「在充滿挑戰的世界中，我們該怎麼做？」想要回答這個問題，答案最終是直觀的。在現實世界中，未來從無定數，未來是由藝術家、科學家，以及在地下室玩耍的孩子，憑藉著直覺生活而一點一滴開創出來。本書談論的正是「如何創造重要的事物」，也就是關乎如何讓自己邁向這種直覺的人生。

第二章

在既有世界中創造

那年我二十三歲，在芝加哥念博士，因緣際會走上第三條創造之路。當時麻省理工學院教授布倫納（Howard Brenner）來我就讀的大學演講，主題是他最喜歡的流體力學。只見他從瓶子裡傾倒出油醋醬、橄欖油之類的液體，然後以瘋狂逗趣的方式搖晃瓶身，將那些由數學家、物理學家和工程學家花了幾世紀才了解的自然法則做說明，彷彿花園中綻放的新葉，令人讚嘆不已。今日，我們若了解這些法則，就有辦法設計出如人造心臟等重要事物，並能預測與控制它們的運作方式。布倫納在演講中說了很多，我得竭盡所能才能勉強跟上。

如果說布倫納口中那些精細複雜的應用數學理論讓我迷失在其中，那麼他優雅的手寫幻燈片、完美的象徵語言，以及近乎自然質樸的舉止，無疑更深深吸引著我。在此之前，數學對我而言不過是種實用的工具，但此刻，我竟然體驗到美的感受。布倫納在規則嚴密、不容置疑的數學世界裡卻顯得如魚得水、悠遊自在，就像兒時的我沉浸在自家地下室的幻想世界時那樣。

幾年過去，我搬到波士頓師事布倫納。我們共同出版一本關於流體力學的書，主題是表面張力，也就是當年演講時所見油醋醬和小滴橄欖油之間的作用力。也正是從那時開始，我認真思考起我的職業生涯。

我熱愛我所做的工作，或許我也很樂意把餘生專注在撰寫關於應用數學的論文和書籍，但我實在很難向親友解釋我的工作。在過去，這個問題並不怎麼困擾我。然而隨著年齡漸長，我逐漸意識到，原本單純的熱情已經成為一種生活選擇。親友們常問我的問題也從「你在做什麼？」變成「你最後會做出什麼來？」這讓我感到莫大困擾，當身邊的人都對我的工作無法理解，實在很難跟他們解釋我從中獲得的快樂。

如果我能像老朋友們一樣受雇於企業，當個工程師或銷售員，或許我能達成更明確的工作目標、賺更多錢、讓生活過得更好。更重要的是，他們被視為專業人士，而且能充分證明自己所帶給他人的價值。

有一天，我問布倫納，該如何向他人描述我們工作的性質。的確，我們是出版了一本書，但光指著那本書，不但無法解釋我們每天共同經歷的精彩冒險，而且對其他人而言，怎麼看都像是他們最厭惡的學校作業。究竟我們共享的這個神奇過程是什麼？

「美學，」他說：「我們做的是美學。」

我原本以為美學是一門研究美的學問，是關於對藝術的感知與藝術的創造歷程，而非科學。美學似乎是大腦中敏感而又脆弱的部分，它每天早上把我叫醒，要我寫個超乎現實生活的故事；美學與我童年獨自在地下室玩的虛構遊戲有關。

因此當我聽到布倫納說，我從事的科學工作是由美學所主導，是與個人內在深層且持續性互動與感知有關，我實在感到驚訝。布倫納還告訴我，我們目前所投入領域的重要性，與我們做事的方式息息相關。

我們創造出一些令人振奮的公式，其中涉及晦澀難懂的多元函數數學語言：小寫黑體字代表向量，包括一個數值和一個方向；你可以用向量表示一輛汽車以每小時五十英里的速度向東行駛。大寫黑體字則代表並矢張量（dyadic tensor），包括一個數值和多個方向。用來解釋並矢張量的一個例子是壓力的概念，也就是當你把手放在籃球上、使球往某個方向旋轉，同時把它投擲出去。運用我們設計的多元函數公式，可以用來結合大小寫字母變化的句子，每個顯示為點號、冒號和叉號字母之間的運算（如乘法、減法或逆運算），可用來表示物理世界的運動定律。如果你讀得懂這種冷僻的美學語言，這些顏色的深淺交替以及帶有符號的字母，便表明該等式是否成立。這是一種邏輯之美，但很少人能夠理解。

我所努力的成果是有價值的，但它無法展現於日常生活中。布倫納對科學的意義與目的的看法，跟我過去在學校所學完全不同。即使他的解答讓我感到寬慰，但當親友問起同樣問題時（或許是我理解得不夠深刻），我依然無法坦然的如此回答他們。與布倫納共事讓我能夠安心做自己，成為一個夢想家，但我仍然需要確信：這樣的我，對於世界而言是重要的。

什麼才是重要的事物？

一九九三年春天，我的第二本著作問世，同時接受口頭邀約，準備到加州大學聖塔芭芭拉分校化工系任教。然而春天還沒過完，加州政府預算用罄，大學人事凍結，於是我瞬間失去那份工作。我失業了。

走在麻省理工學院六十六號大樓，透過一道道敞開的門，我望著裡頭的教授們；波士頓內外還有成千上萬的人和他們一樣，既聰明又有工作。但在他們面前，現在的我變成一名求職者，成為每年他們評估師資需求後，決定是否邀請來面試的求職者之一。很少有人讀過我的書，或者該說很少人能讀這類型的書。我當初應該考慮這一點的！我的書太過艱深，幾乎沒人讀過。現在看來，這些書是如此冷僻又多餘，就像我一樣。

我一直深信，與布倫納努力完成的工作，對我而言非常重要；但對其他人來說，顯然並非如此。當然，世上還有無數重要的事物，例如夏天午後的雨、深夜時道路上的車燈，以及對某些人來說重要、某些人卻不覺得總是很重要的詩歌。上述事物各有重要之處，然而我們總視之為理所當然，一旦天不下雨、車燈不亮、詩歌消失，我們將會陷入窘境。所以即使我們不是隨時隨地都需要它們，但還是得做些事情來維持它們的存在：我們會買車燈、會讀詩寫詩，也會為了維護夠穩定的降雨生態系統而奔走。保有它們，才能維繫我們原有的生活品質。

那些重要且前所未有的事物都有著共同的起點：「對我們而言，什麼才是重要的事物？」我們並不是被迫進行創造。我們之所以創造，純粹是因為我們喜歡這樣做。

艾默伯（Teresa Amabile）是哈佛大學著名的創造力研究者，在她的研究生涯早期就已經破解「創造力為何會降低」的祕密。她分析作家的創作動機後，發現作家和其他創造者一樣，會遵循第一、第二或第三條創造之路：他們可能會為了商業利益（賺錢）、文化利益（成功出版一本書），或者出於強烈的好奇心（像開拓者般探索未知疆土）而寫作。許多作家甚至會同時遵循這三條創造之路，基於熱情開始寫作、像工匠般精心製作一本書，並期待最好在定稿時就能簽訂出版合約，並與出版行銷人員共創更高的商業利益。

艾默伯的研究顯示，若想扼殺一位作家的創造力，祕訣是讓他在創作之初就開始想像因作品而成名致富的光景。「我發現，當你成功讓作家開始為外部動機而創作，他們的創造力便會下降。」艾默伯在一次晚餐聚會中向我解釋：「當作家為他人而創造時，表現通常不會太好。唯有為自己而創造時，才會將創造力發揮到淋漓盡致。」因此，如果想創造出新事物，創造出即使我們已然逝去但依舊重要的事物，必須從傾聽自身經驗開始，隨著時日推移，學習如何將經驗轉化為有助於傳達的元素，那麼最終創造出來的事物，將不再只是傳遞個人內在的感動，還能夠感動許許多多的人。

可惜在失去工作那年，我還不懂這個道理。

在我的加州之行告吹後不久，麻省理工學院教授蘭格（Robert Langer）邀請我加入他的研究小組。在遞藥系統（drug delivery systems）專業上，蘭格是數一數二的世界級領導者，但我對他的研究領域知之甚少，他也不太懂我的研究，我們在一起似乎沒什麼可做的。當然，除非我們是要合作創造全新的事物。

一開始，我完全沒有心理準備要和一個還沒有明確方向的團隊一同開拓通往未知的道路；這個團隊成員彼此的專業截然不同，實在不知道該從哪裡合作起。唯一相似之處，恐怕只有大家都懷抱著純真的心吧。第一次在蘭格實驗室作簡報時，我分享一百個方程式，台下沒有一個人聽得懂；到了提問時間，也沒人舉手發問。在場參與者茫然的眼神，彷彿質疑我為何會出現在這裡。而我其實也很想知道答案。簡報結束後，我向蘭格透露我的憂慮。

「大衛，別人怎麼想並不重要，」蘭格笑著說：「重要的是你做了什麼。」這個觀念我還是頭一次聽到。對布倫納來說，美學一直以來都是與「形式」有關，也就是我們創造之物（主要是公式）的形狀和整體外觀；但對蘭格而言，美學則成為功能，也就是我們所創造的結果。

蘭格給我三篇他找到的評論文章，回顧以吸入胰島素治療糖尿病的相關發展，以及不同治療方法彼此間的競爭。「好好研究一下，」他說：「如果你發現有更好的方法就告訴我。」

其中一篇文章從最基本的知識開始講起：蛋白質是在人體細胞中產生，並會從這些細胞向外擴散到其他細胞、組織和器官，然後產生反應、發生變化並分解。換句話說，它們是人體內的自然療法。一九七〇年代，科學家在實驗室裡找到製造蛋白質的方法，他們曾設想未來的藥物將以蛋白質為基底。然而科學家也發現，蛋白質分子太大，當你吞下它時無法有效進入血液，所以需要透過皮下注射。因此隨之而來的是一場尋找以非注射方式將蛋白質輸入人體的競賽。

到了一九九〇年代，科學界一致認為，在所有途徑中以噴霧吸入式最為有效，而且不會損傷皮膚。藥物一旦進入肺部，當我們呼吸時會將空氣吸進數以百萬計的微小肺泡，並以一條短且直接的途徑進入血流。基本的幾何學顯示，若你打開所有肺泡並將其平鋪於地面，肺泡的表面積足足有一個網球場那麼大！因此，若能找到方法讓蛋白質進入肺部，它們就可能會順勢進入血液，根本不需要注射。

最後雀屏中選的是治療糖尿病的常規型胰島素。胰島素夠小，能有效通過血管屏障。假如我們能找到方法，使胰島素以更高機率、更簡單、更低成本的方式進入肺部，我們或許就會徹底改變糖尿病患者的醫療照護。當時已經成功研發出兩項重要成果，能將胰島素釋放到空氣中，讓糖尿病患者吸入體內。這兩種方式都被證明有效，但由於需要使用複雜的氣槍式機器，許多人擔憂能否通過臨床試驗；即使順利通過，也沒有把握究竟有多少患者會採用。

這項挑戰引起我的興趣，但我對這個問題所知有限、極需要幫助。蘭格要我不要被其他人的反應所影響，儘管追隨自己的熱情。我確實這麼做了，帶著我的數學專業踏上這令人振奮的嶄新領域，在缺乏所需技術和知識的情況下，開始探尋、創造新的發現。

和布倫納共事時，是在一個較為成熟的領域工作進行探索，我在其中接受完整的博士訓練。我的導師也在此生活了幾十年，他教我只需要關注所知，在已掌握的知識中尋找發現。然而現在看來，那樣的心態根本是場災難。我必須敞開心扉，嘗試傾聽那些無法理解這些專業知識的人有什麼看法；我必須關注他們所關心的事物、閱讀他們的作品，用彼此都能理解的語言，改變以往習慣的表達方式。

研究方法上也有著明顯差異。布倫納要我閱讀他的文章，要我繼續發展他已經開創的應用數學領域；這是一種傳統的方式：在導師的指引之下，走到領域的邊界，接著試圖再往前走遠一些。蘭格則是採取一種特別的作法，把他從未親自探索過的文獻交給我。蘭格不僅要求我忽視他的專業，也要拋棄自己的經驗。「去發現吧！想辦法知道我所不知道的事情。」似乎是他的座右銘。

不久，我們便發現製作一種胰島素微粒的方法，使人輕鬆吸入且費用不貴。由於它的外觀像威浮球（Wiffle ball），上面的孔洞能讓它隨著氣流飄得更遠，有效進入肺部。我們可以輕易將其釋放到空氣中，甚至完全不需要複雜的裝置，只要一個簡單的管子便已足夠。之後我們足足花了兩年證明這個概念可行。一九九七年時，我的研究成果刊登於《科學》（*Science*）期刊。原先以為這將戲劇性的改變我的生活，但除了帶來幾天狂喜之外，這篇文章還帶來更多待解的難題。我研發出的多孔微粒是否真能為世界帶來改變？於是我開始四處詢問，如何以更低成本生產我的微粒，並與其他協作者共同開發簡單的測試方法，以確認實際成品能達成目標，將藥物有效遞送到患者體內。最終促成我、蘭格，以及一位名為麥克吉爾（Terry McGuire）的投資人共同於一九九八年創立公司，並於一九九九年以超過一億美元的價格出售。

回顧這段歷程，一切就像旋風般發生了。從一名以辦公室為家（不僅是工作和生活，也常常睡在這裡）的應用數學家，到一位與律師和銀行家討價還價公司出售價格的企業家，我開始了全新的生活。我喜歡這種學術高牆外的生活，充滿新奇、冒險與機遇。但我仍然不太確定這種夢想家的生活，是不是真的適合我。

我和法國籍妻子奧蕾莉（Aurélie）在巴黎買了一棟公寓，我們在那裡度過幾個夏天，同時我也繼續帶領公司，它現在已經成為阿爾科米斯製藥（Alkermes）的子公司。然而事實證明，這仍然深具挑戰性。即使我已經賣掉這間公司，但我卻無法不管它，好好去過我的生活，即便只是夏天短短幾個月也不行。

我們開發出吸入式胰島素產品後，接著開始構想提供帕金森症患者使用的全新多巴胺產品。美國製藥大廠禮來（Eli Lilly）曾與我們合作研發吸入式胰島素，然而吸入式多巴胺產品研發進度卻陷入停滯（這項產品直到十五年後才成功進入市場）。禮來過去以其注射產品主導美國胰島素市場。與注射式產品相比，吸入式產品明顯能改善糖尿病患者的生活（臨床試驗結束後，患者往往拒絕歸還我們的吸入器），對某些患者而言，這攸關著後半輩子生活品質的改變。但當我們的新產品在臨床試驗中獲得成功時，禮來最終還是決定予以擱置。

計畫失敗的原因無關科學，而是吸入式胰島素競爭產品（先驅產品Exubera及後來的Afrezza）的問世，證實一個我們過去完全沒想到的問題。醫生和保險公司擔心，吸入式胰島素會拉高醫療費用標準。隨著糖尿病盛行率愈來愈高，屆時醫療保險資金中，將有超過八分之一用於糖尿病治療。同時，醫生在導入新的治療方式時總是格外謹慎，畢竟胰島素治療必須終生進行。禮來已有超過五十年的注射胰島素經驗，確認這種方法十分安全；而我們在使用吸入式取代注射式胰島素領域上，則僅有幾年的經驗，在醫生看來，這仍是一個充滿長期風險的巨大轉變。

除此之外，最關鍵的因素是：禮來等眾多製藥公司已經在注射式胰島素投入數十億美元的資金，因此如果用吸入器取代注射針頭，不但無法為他們帶來豐厚的獲利誘因，還存在著一定程度的風險。這意味著：我們創造出一種新產品，將可能淘汰掉禮來原本居於領導地位的市場，雖然目前還不確定市場規模及能否成功。對藥廠而言，吸入式胰島素的風險已經大過其所能帶來改善患者生活的好處。

什麼才是重要的事物？顯然不僅僅取決於科學上的正確與否。

二〇〇一年，有個加入哈佛大學工程與應用科學學院的機會出現，讓我十分心動。大學畢業時，我以為自己明白什麼是最重要的事，那就是發現新的、可重複驗證的事實。為了證明你的新發現可以為世界帶來利益，你必須能提出有力的論點，這也正是我撰寫教科書的原因。但在大學校園之外，我發現真正重要的學習，是發生在你試圖為人群創造利益的時候。這樣的創造過程並不全然是由理論推導至經驗的演繹過程，也不全然是從經驗彙整為理論的歸納過程，而是介於兩者之間。因此，我想在大學校園內探索這種學習如何產生。

一到哈佛大學，我開始與建築、音樂、醫學等科系交流，了解這些領域如何透過藝術與科學的融合來完成他們的工作。我交談的對象也逐漸從同事擴展到大學以外，像是博物館、醫院和表演廳裡的其他人。

我們的背景及專業各不相同，但卻有著共同的經驗。我們在機構制度上的連結脆弱且模糊，但在追求個人意義的過程中，同樣喜歡跨越概念的藩籬。事實上，我曾將寫小說當成個人志趣，在麻省理工學院有段時間曾受小說家德賽（Anita Desai）的指導。那些成功創造長久價值事物者，往往都是在與公眾的對話中，發展其創造性美學的歷程。

於是我開始思考，如何將創造活動帶進文化實驗室，你能在其中盡情傾聽與學習，無須花費大量金錢，不會有機構制度的藩籬，沒有什麼力量能把你跟其他創造者分隔開來。對我而言，向大眾開放我的實驗室究竟意味著什麼？我需要放置水槽和離心機嗎？少即是多，這個實驗室真正需要的是觸動人心的力量，藉由我們所創造的事物，為人們帶來嶄新的真實體驗。

二〇〇五年，我舉家遷往巴黎。二〇〇七年，我在巴黎一個古老、有著巨大石柱的院落，開設名為「實驗室」的藝文空間。在「實驗室」中，我的作品與藝術家、設計師、廚師和調香師的作品並置，進行實驗性的公共對話，探討在現代社會所面臨的諸多挑戰下，我們如何創造新的永續性飲食體系、新的健康照護模式、新的人際互動媒介等，種種創新想法一一浮現。二〇一四年，我將這個文化實驗室搬到美國麻州的劍橋市，並增設一家餐廳，落腳於全球科技公司密度最高的一個街區中央。

稍後我們將看到「實驗室」是如何設立與運作，也將看到它如何延續世界各地興起的「草根創造者運動」，以及它如何為我們每個人的學習、工作和生活帶來新的意義，讓我們有機會為充滿希望的未來做出貢獻。

但在此之前，讓我們先仔細檢視「文化實驗室」這個概念。

圖1：「實驗室」的第一件藝術作品《會歌唱的雲》（*Singing Cloud*），作者為印度藝術家古普塔（Shilpa Gupta），目前為丹麥路易斯安那現代藝術博物館永久收藏。©Marc Domage

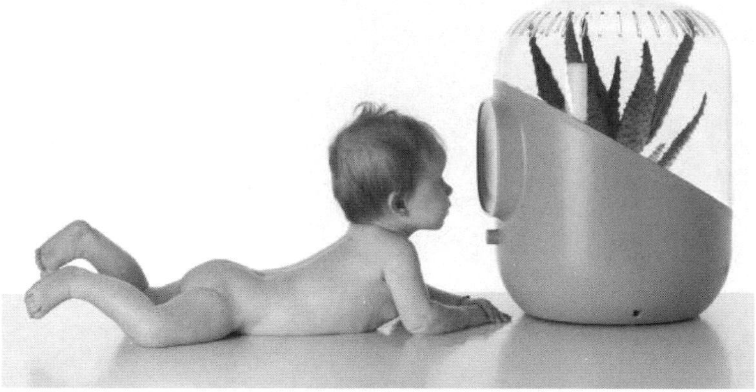

圖2：「實驗室」的第一件商業設計是綠化清淨機《安德里亞》（*Andrea*），由法國設計師雷漢尼爾（Mathieu Lehanneur）和本書作者協同合作完成，目前為紐約現代藝術博物館（MoMA）及巴黎裝飾藝術博物館（Musée des Arts Décoratifs）永久收藏。©Veronique Huyghe

圖3：作品《拒絕時間》（*The Refusal of Time*）由南非藝術家肯特里奇（William Kentridge）與科學史學家蓋里森（Peter Galison）合作創作，於2011年在「實驗室」首次展出，之後被製作為影像裝置藝術，最終促成備受好評的舞台劇《拒絕小時》（*Refuse the Hour*）。

©Phase One Photography

圖4：位於麻州劍橋市的「藝術科學咖啡館」(Café ArtScience)。其設立構想由本書作者提出，室內設計則是由雷漢尼爾操刀，於2014年11月開幕。
© Phase One Photography

文化實驗室與美學維度

所謂的「文化實驗室」，是支持從概念發想到創意實踐歷程的場域，形式十分多元，可以實驗餐廳、網站、新創企業、獨立劇場，以至於科學、工程或設計實驗室等面貌呈現（我所設立的「實驗室」藝文空間也是其中之一）。文化實驗室能促進人們有意識的參與和公共學習。與大型組織不同（管理方式較傾向遵守規則、禁止模稜兩可，且不容失敗），文化實驗室能消弭所有阻礙改革的聲音。對於在其中工作的夢想家以及參與這些夢想創造的大眾而言，文化實驗室是充滿希望之處。

文化實驗室只有幾個簡單的規則：是由一人、兩人或更多人組成團隊，開發創造性的想法，並於實現過程中在多個據點向大眾展現。團隊通常有一位領導者（如作家、發明家或廚師），有時或許不只一位（如「披頭四樂團」或「阿波羅十一號」登月任務）。團隊結構會視創意想法改變而有所更動。從投資者、初期觀眾、技師、助理，到藝術家、設計師與工程師等其他人員，他們扮演催化劑的角色，團隊必須試著向他們推銷迄今所完成的東西，並從他們的回饋中學習。所謂的推銷，是要傳達作品最初的想法，而不是企業募資時所用的那種既定格式。畢竟團隊展現的是前所未有的創意，其效用自然無法獲得證實。就文化實驗室而言，完美的推銷本身就是名副其實的藝術品。

文化實驗室有兩種。一種是大家所熟知的「快閃實驗室」（Transient labs），通常在短期內出現，如一週、一個月或一季，無意將其構建創意的過程延續下去。另一種則是我在接下來幾章要介紹的「夢想實驗室」（Aspirational labs），目的是長時間協助藝術家、科學家、廚師及其他創造者構築夢想，提供他們所需的支持與引導，這對創造未來至關重要。無論是快閃型或夢想型，文化實驗室可能是像「實驗室」這樣的公共學習機構，也可能是像餐廳這樣的民營商業機構。

在文化實驗室裡，我們與創作者一起創造新事物，同時共同承擔著新事物可能無法取悅他人的風險。為什麼我們要冒這個風險？答案並非來自於為了滿足個人動機，例如因為創造一首歌、一件小工具或一個家庭而感到開心，甚至贏得讚揚或財富。創造新事物遠遠超過那種開心，它能在我們心中激發出一種深刻的情感，讓我們知道自己並不孤單。

我們渴望建立緊密的關係，為了共同福祉而相互依靠。當代神經科學研究指出，人類的確具有一種特殊的情感和認知狀態，會自然傾向於追求與創造集體利益，也在這樣的過程中增進個人福祉。即便是極度自我中心者，其創造性的大腦也會具有社會性。

若我們攤開人類的神經系統，將會發現兩組外表截然不同的系統。第一組是中樞神經系統，包含腦與脊髓，是神經系統的控制中心。第二組則是周邊神經系統，負責將體外（如視覺、聽覺、嗅覺、觸覺、味覺等感官知覺）或體內（如飢餓、疼痛或焦慮等）收集到的訊號，透過神經纖維網絡火速傳回大腦。大腦會處理所有信號，將它們轉換成感覺與行動，促使我們形成對於自己所處位置、狀態，以及最終將成為什麼樣的人的印象。

人類具有社會性的神經系統，能夠幫助我們在不斷變化的環境中生存。而創造性思維的「美學維度」（aesthetic dimensions）則有助於我們融入所處環境，為自己及周遭人們帶來更多好處。在本書後續介紹的藝術家和科學家故事中，我將特別著重於七大美學維度。接下來，讓我們先簡單了解這七大維度的意涵。

熱情

一八九〇年代末，居禮夫人（Marie Curie）在巴黎完成她關於鈾射線的博士研究。當時已經有人證明鈾礦本身能產生放射線，但原因仍是個謎。放射線對人體具有潛在危險，但居禮夫人對此現象充滿強烈的好奇心，專注於鈾礦的研究，嘗試從中提煉出特定元素，完全不擔心長時間直接接觸鈾礦會影響她的健康。經過十年的研究，居禮夫人發表她對放射線的發現結果，並因此獲得兩座諾貝爾獎。

創造重要之物始於強烈的好奇心。這種由衷的熱情，鮮少會在長期探索過程中消逝，藉由熱情最終得到全新的發現，將為人們創造全新的體驗。

同理心

在沒有人陪同的情況下，我們最好不要獨自攀登高峰或潛入深海。當有人真正關心我們的福祉時，就會增加我們生存的可能性。生存經驗建立在對他人的依賴之上，這個事實賦予開拓者繼續前進的信心，因為即使在最困難、最超乎預期的情況下，他仍知道自己並不孤單，勇敢的展開一趟比他原先料想更遠的冒險之路。就如同居禮夫人與其先生皮耶（Pierre）共同獲得一座諾貝爾獎；或是藍儂（John Lennon）和幾個朋友共同創立舉世聞名的「披頭四樂團」不朽傳奇；抑或是格倫（John Glenn）與「阿波羅十一號」團隊一同開創月球探索的先河。

成功的先驅者們藉由同理心彼此結合，在充滿風險的新興領域相互合作，於是能夠順利發現我們所感興趣的事物，並成功轉化為對他人而言很重要的事物。

直覺

隨著時間歲月的累積，我們的大腦儲存豐富的經驗與知識，而創造者知道如何利用這些既存知識，讓自己即使置身於認知上陌生的環境，仍保有情感上的熟悉。即使在缺乏專業知識的情況下，大腦還是會無意識提取出過去珍貴的經驗，讓創造者能滿懷信心，憑藉直覺行事。就像是臉書創辦人祖克柏（Mark Zuckerberg），他在二〇〇三年時還只是哈佛大學二年級的學生，當時他毅然決然創立臉書，根本沒想到日後他將成為地表最強大的公司執行長。

祖克柏創立臉書前一年，他把哈佛學生的照片上傳到一個網站，讓學生對這些臉孔進行比較，票選出其中最漂亮的一張，結果引發大眾反感。這個名為Facemash的網站一度很受歡迎，但也惹惱校園中許多人，最後祖克柏不得不將其撤下。當面臨如此巨大的打擊時該如何走下去？祖克柏根據當時校園中的社交網路經驗，直覺的將這個網站與校園新興社群網站結合在一起。短短一年後，臉書迅速成為世界各地人們日常生活的一部分。

天真

當我們面對周圍全然未知的環境時，會比身在熟悉的環境中更依賴直覺。天真能促進學習，而熱情又富有同理心的創造者往往會運用天真來快速學習、開疆闢土，並從個人經驗中受益，而這些經驗往往得自當下真實發生的情況。

凱吉（John Cage）三十九歲時來到哈佛大學一間消音室。這位傑出的作曲家在消音室裡發現一種「寂靜之聲」。「我聽得見高頻與低頻兩種聲音，」他在其作品《不確定性》（*Indeterminacy*）中提到：「我問負責的技師，假如這個房間真的完全吸音，何以我會聽到聲音？技師要我描述聽到了什麼。他告訴我，高頻的聲音來自我神經系統，而低頻則來自我的血液循環。」他把凱吉聽到的聲音歸因於他的生理功能運作，雖然這並不是正確的解釋，卻開啟凱吉巨大的想像力空間。

凱吉沒有受過生理學方面的訓練，事實上他也不需要。他在音樂方面的天真，促進一種超越生理的理解，讓他在日後成為二十世紀最偉大的音樂創作家之一。

謙遜

新事物的創造者自知經常會有犯錯的可能。他們知道成功的經驗頂多只是已知經驗的驗證，他們從錯誤假設中學習到的，往往比從成功中學到的還多。儘管身為成功者，但終生的創造者始終懷抱謙遜之心。即使其他人都已經「長大」了，他們仍願意保有熱情、同理心、直覺及天真。

賈伯斯、比爾蓋茲、艾倫（Paul Allen）以及戴爾（Michael Dell）不斷汲取過去失敗產品的經驗，從中學習如何成功的新技術，因而打造出引領市場發展的重要企業。賈伯斯沒能好好推廣他的NeXT電腦，所以後來他用麥金塔電腦展示強大的行銷能力；比爾蓋茲與艾倫合作創辦的第一間公司「資料流」（Traf-O-Data）是失敗的，但他們藉由這次經驗打造出微軟（Microsoft）帝國；戴爾在一九九三年經歷首次的鉅額虧損，因而徹底檢討並改變管理及營運方式，創建出一九九〇年代最成功的電腦公司之一。

美學智能

善於傳達創新想法的創造者們，往往能夠深刻體認形式所蘊含的強大力量，無論是透過文字、方程式或音符。他們以吸引人的形式來表達自己的想法，吸引早期使用者的興趣，並願意親身參與這場富含美學價值的對話。對於具有美學智能的創造者而言，除了致力於創造嶄新功能之外，還要能夠賦予它美麗的體驗形式。

一九〇七年，愛因斯坦發表第一篇有關相對論的論文，當時並沒有引起太多注意。然而在此同時，畢卡索的名畫《亞維儂的少女》（*Les Demoiselles d'Avignon*）已經造成轟動。當時這兩位二十多歲的青年，一個身在維也納，一個身在巴黎，都因火車旅行的出現而體悟新的時空觀念，但富於美學形式的《亞維儂的少女》能以更快、更直接的方式，讓觀賞者體驗到當代藝術家對時空感受的轉變。

執著

做任何足以改變他人生活的新事物，往往會面臨龐大阻力。隨著新事物的誕生，有的人因為害怕變化而排斥，有的人因為擔心失去原有機會而抗拒。而創造者往往會把個人生命與創造之物緊密聯繫在一起，致力於創造之物的存續，就像是捍衛自己的生命一般。

愛因斯坦提出的相對論，不僅假定牛頓物理學有缺陷，還提出一種違反世人直覺的物理觀點，於是遭到來自四面八方的強烈抵制。無論是出自科學、神學與哲學領域，人們對於愛因斯坦提出的新宇宙觀皆提出各種質疑。然而愛因斯坦終其一生，不斷致力於增進人們對相對論的理解。日子一久，反對的聲音愈來愈少，支持的聲音愈來愈多，相對論的基本假設最終取代牛頓物理學，成為現代科學的重要基礎。

時至今日，無論創造者是投入在草根創造者運動或是未來創造活動上，七大美學維度都扮演著至關重要的促進功能。在接下來的章節，我將介紹藝術和科學領域中九位傑出創造者的故事，探索我們如何在文化實驗室中滋養這些情感和認知狀態，藉由創造永續事物來實現個人成就。

第二部

創造者 循環

第三章

構思：要是我什麼想法也沒有，該怎麼辦？

幾年前，在哈佛大學春季新學期開始時，我向四、五十位學生講解「如何創造重要事物」（How to Create Things & Have Them Matter）這門課的課程綱要與進行方式。下一堂課，我與學生分享我的四個構想，例如：「我們可以用嗅覺進食嗎？」「人們長久以來習慣用刀叉或筷子吃飯，更早期則是用手。假設我們可以在呼吸的同時就把食物送進嘴裡，這對人類的健康和福祉有什麼好處？」諸如此類的構想聽起來或許有點模糊不清，甚至有點古怪，真正目的是要促進學生天馬行空的思考。

接著，我讓學生選擇出自己最心儀的兩個構想，然後將每個構想分配給四到六位學生。假如有某個構想不受歡迎，就讓大家集思廣益，把一個受歡迎的構想改造成兩個不同的構想，供學生自由選擇。

這門課程分為三個階段。第一個階段，學生需要團隊合作，自行發想出能解決大眾需求或具有商業價值的創意提案。我所提出的每個構想對學生而言無疑是種路標，指引他們前去探索某個創新領域。第二個階段，每個小組都要針對其他組別的提案表達看法，同時也要設計出簡易的測試方案，好利用暑假時評估本組提案是否可行。在最後一個階段，學生必須研擬出自己的推銷用語並向專家請益，最後以團隊形式撰寫期末報告，並發表在公共論壇上。期末報告的品質將占學生成績的五〇%，另一半則視學生在整個學期的參與度而定。如果學生有強烈的意願將專案做延續性研究，還可獲得韋斯生物啟發工程研究所（Wyss Institute of Biologically Inspired Engineering）的研究資助。

我認為自己已經說明得非常清楚。接下來，就由學生自行決定要不要選這門課，然後開始收心，準備正式進行課程。這時，坐在第一排的年輕女生舉起手來。她的臉上滿是緊張和憂慮，問道：「假如我沒有任何想法，該怎麼辦？」

一開始，我覺得她的問題有點可笑。怎麼可能連一丁點想法也沒有？我陷入短暫的沉默，然後突然恍然大悟：是啊！如果她在哈佛修課，但想不出好點子、沒辦法得到讓自己滿意的表現，這是多麼令人感到挫敗的事。她的提問也提醒了我，身為授課教師為什麼從沒考慮過這一點？我的課程設計與進行，都是基於自己平日的生活與思考方式，顯然我從未想過自己會有想不出任何東西的時候。

然後，我微笑著對她說：「顯然，妳對於『提出自己的想法』這件事，有著比我還高很多的標準。」一聽見我的回答，學生們開懷的笑了。但我是認真的。她是哈佛的學生，她無法接受自己有不聰明的想法，但是除了那些「聰明」的想法之外，誰說她不能想出一些別人從沒想過的瘋狂點子呢？

「我每天大約會蹦出一百個構想，」我說：「但大多數都十分平庸，有些甚至很糟，或許只有少數勉強還算得上是好點子。我不會花太多時間一一去分辨它們哪個好、哪個壞。事實上，我也不確定自己是否能分辨得出來。但我願意試著去傾聽自己的想法，並把它們分享給願意彼此分享想法的人。日積月累之下，我們就像是在玩一場激盪想法的乒乓球比賽。而這門課要教你們的，正是思考乒乓球的玩法。這是個有趣的遊戲，假如你贏得比賽，你就有機會創造屬於自己的未來。順道一提，在這場比賽中，沒有人非得要輸。」

要想出一個人人都覺得很棒的構想，似乎是十分困難的挑戰。到底該怎麼確定我們的構想是否值得投入？從創意的發想到實現，是一個充滿熱情對話的過程，我們需要以好奇心為起點，並透過基於同理心而彼此凝聚的團隊，讓構想得以不斷精進與成熟。我們要如何培養熱情、好奇心與同理心？又該如何學習運用這些特質，成為一個充滿創意的創造者？

在這本書中，我們能從那些遵循「第三條創造之路」的創造者身上，看見創意是如何在日常生活中順利誕生。這些創造者從事創造的動機，並非出於對金錢的渴望，也不是汲汲營營於追求自身影響力，而是希望能擁有如先驅者一般的美學生活。他們在型塑創意的過程中，不斷與大眾展開對話，最終創造出重要的事物。

運用行動中的熱情，改變人們對美食的觀點

阿德里亞（Ferran Adrià）曾獲得「世界廚神」的讚譽。他發跡於西班牙布拉瓦

海岸（Costa Brava）玫瑰山麓的鬥牛犬餐廳（El Bulli），成功的打破法國人在高級精緻料理長達四世紀的主導地位。阿德里亞對於家鄉加泰隆尼亞（Catalonia）的飲食文化具有嚴謹獨到的個人詮釋，至今從未有廚師像他這般攫取社會大眾的注意，點燃在地的飲食運動，更引發公眾熱烈討論未來食物的各種可能性。

在阿德里亞之前，所謂「高級料理」指的就是法國人的料理方式。彷彿法國餐桌上的飲食經驗是一回事，而其他的料理方式又是另一回事。法國人為飲食文化創下極高的標準，其他人似乎永遠難以踰越。

法國高級料理的源頭可回溯至十七世紀。當時皇室御廚拉瓦漢（La Varenne）和馬夏羅（Massialot）創造出醃料和燉肉，並合作出版第一本食譜。十八世紀末到十九世紀初，法國外交官佩里戈爾（Charles Talleyrand-Périgord）、沙皇亞歷山大一世（Czar Alexander I），以及銀行業鉅子羅斯柴爾德（James Rothschild）的御用名廚：「廚中之王」卡瑞蒙（Marie-Antoine Carême）更創造出無與倫比的美味醬料，諸如天鵝絨醬（velouté）和白醬（béchamel）等。據說他在自家廚房裡創造出上百種醬料，這些成果充實了高級料理的寶庫，並逐漸走入平民的餐桌，代代相傳至今。

拜各家名廚之賜，法國料理持續累積各種瑰麗的寶藏，諸如麗思酒店和卡爾登酒店（這兩家酒店後來合併成著名的麗思卡爾登酒店）主廚愛斯克菲爾（George Auguste Escoffier）獻給歌劇名伶梅爾芭（Nellie Melba）的知名甜點創作「蜜桃梅爾芭」（Peach Melba）；瑞奧佛（Charles Ranhofer）則將傳統法式料理帶進美國，在紐約著名餐廳戴莫尼克（Delmonico's）擔任三十四年的主廚，創造出紐伯格龍蝦（Lobster Newburg）等一道道經典菜餚。繼瑞奧佛之後，則是美國偉大的廚師柴爾德（Julia Child），她著有暢銷書《法式料理聖經》（*Mastering the Art of French Cuisine*），成為第一位大受歡迎的電視名廚。

人們或許很難想像，如今出現在一般家庭餐桌上的食物，都能與四個世紀以來高雅精緻的法國料理相媲美。其中有些料理甚至是過去王公貴族也從未品嚐過的佳餚。

世界廚神：阿德里亞

接著，阿德里亞出現了。自一九八〇年代中期後的二十五年間，他從一間位於西班牙偏遠海邊的餐廳發跡，徹底改變人們對高級料理的看法。他讓高級料理不再如過去那樣高不可攀，使美食以更為親民的面貌呈現，讓每個人都能大快朵頤、盡情享用。

過去，才華洋溢的青年大多渴望投身於設計、廣告、藝術等領域；但在阿德里亞展現極具創意的飲食美學後，愈來愈多人開始以廚師為畢生職志。在此同時，電視實境秀、電影和各類競賽中出現的創意料理也扮演著推波助瀾的角色，不僅讓美食成為一種創意的展現，更讓當代人的飲食思維逐漸朝向永續性、生物多樣性等方向發展。

阿德里亞這位身材短小精悍、目光炯炯有神的加泰隆尼亞人，可能會是你所見過最充滿好奇心和熱情的人，然而他最初對廚藝並沒有特別的喜好。二〇一六年的一個冬夜，我和阿德里亞共進晚餐，他向我解釋道：「我從小在奧斯皮塔萊特（L'Hospitalet de Llobregat）長大，那是巴賽隆納郊外的一個貧窮村落，」他邀請我到他弟弟艾伯特（Albert Adrià）開的墨西哥餐廳、位於巴賽隆納西班牙廣場附近的聖葉（Hoja Santa）。阿德里亞懂英文，但他不想用英文表達，所以我們全程是用法語交談。他所有的公開演講、著作，也全都是用西班牙語或加泰隆尼亞語發表。聽著他流利的法語，彷彿反映著他帶著世界烹飪的時代精神跨越邊境，前往西班牙進行一趟朝聖之旅。

「我的母親並不是個好廚師。她和我們村裡的其他媽媽一樣，不會花費太多心思在烹調上。」阿德里亞談話時，一位服務生將一個小盤子送上桌，放置在他面前。盤子裡頭是玉米麵包，形狀像一根精緻的小玉米稈。「食物代表了我們，是我們文化的核心。」這位偉大的廚師說完，倒了些莎莎醬在手背上迅速舔嘗，並接著說：「我們之所以看不到這點，是因為大家早就習以為常；正因為我們看不到這點，所以大家不會去關心、去努力、去加以創造。」

阿德里亞從小就不喜歡上學，只喜歡踢足球，於是他的父親透過一位泥水匠朋友的介紹，讓他在當地一家海濱餐廳做洗碗工。有了口袋裡的錢，阿德里亞正式終止學業，這是他這輩子第一次參與和廚房有關的工作。

一年後，他到卡塔赫納（Cartagena）服兵役。當兵期間他都在伙房幫軍官做飯，所以不用參與一般的軍事任務與演習。在這裡，他認識日後的巴塞隆納名廚普伊格（Fermí Puig）。隔年夏天，普伊格說服阿德里亞去鬥牛犬餐廳做暑期實習。鬥牛犬餐廳是由來自德國的席林（Schilling）夫婦所創立，當時才剛成立沒幾年。餐廳位於一個海灣旁的蒙霍伊（Cala Montjoi）小鎮，如果你從觀光勝地玫瑰城（Roses）出發，可以騎自行車遊覽沿岸的美麗風景。暑假期間，鬥牛犬餐廳有時會開船至海中央下錨，讓顧客在微微的波浪中享用晚餐。

一九七〇年代，這間餐廳以高級法國料理贏得米其林一星，並在法國名廚維納（Jean-Paul Vinay）的帶領之下，榮獲米其林二星。在維納手下實習的阿德里亞不僅法語水準快速提升，更在兵役服滿後回到鬥牛犬餐廳全職工作。此時，維納與席林夫婦交涉，希望能買下這家餐廳，卻遭席林夫婦拒絕，於是維納斷然決定離開。

阿德里亞接掌主廚重任，這一年，他才二十五歲。

席林夫婦十分擔心餐廳的未來，於是決定趁餐廳冬季休息期間，把這位對法國料理文化所知有限的新任主廚派去法國特訓。一九八七年，阿德里亞來到法國尼斯（Nice），參加超級名廚馬克西姆（Jacques Maximin）於內格雷斯科酒店（Hotel Negresco）錢特克勒餐廳（Le Chantecler）舉辦的示範教學。馬克西姆是第一個在酒店內獲得米其林兩星的廚師，當時有人打趣的說：「假如他不用負責客房服務的話，可能早就獲得三星的榮耀。」據說錢特克勒餐廳菜單上的每一道食譜，都是馬克西姆的創意，而且他每年都會更換菜單，這是阿德里亞從沒見過的事。但真是如此嗎？阿德里亞並不確定，因為馬克西姆的食譜全都是傳統法式料理，無論是燉肉和醃料，或是歐芹醬和松露慕斯。

在馬克西姆示範教學過程中，有人問他：「創意是什麼？」馬克西姆回答：「創意，就是絕不複製。」這句話有如五雷轟頂，喚醒阿德里亞的創造靈魂。

說穿了，阿德里亞過去在鬥牛犬餐廳做的事，其實就是複製。他之所以來到尼斯，原本也只是想帶回更多可複製的食譜而已。對來自巴賽隆納市郊的阿德里亞而言，模仿法國烹飪大師並不是件容易的事，在他的成長背景中，所謂的烹飪就只是做一些家常便飯。

然而馬克西姆關於創造的一番話，卻意外解放了阿德里亞。因為對他來說，相較於複製，保持原創性反而是相對容易的事！這樣一來他就不用從頭學習法式料理，只需要從家鄉汲取靈感即可。這也意味著，若想要成為像馬克西姆一樣偉大的廚師，就要重新去發現自己，傳達他在加泰隆尼亞的美好食物體驗，讓其他文化背景的人也能體驗從未經歷過的飲食之美。

因此，當阿德里亞從尼斯回家鄉之後，他立刻丟掉高級料理食譜，開始重新想像經典的加泰隆尼亞醬汁，大膽採用小龍蝦卵、沙丁魚等過去不會出現在高級料理菜單上的食材，創造全新的美食想像。他的創造工作自然也繼承起加泰隆尼亞傑出藝術大師們富於想像和顛覆性的傳統，諸如超凡脫俗的建築師高第（Antoni Gaudí），或是超現實主義藝術家米羅（Joan Miró）和達利（Salvador Dalí）。

隨著阿德里亞不斷精進，他的廚房陣容也漸漸成長為一個熱情洋溢的加泰隆尼亞家族。一九八〇年代末，他的弟弟艾伯特加入行列。艾伯特十五歲時輟學來到哥哥的廚房工作，不久就成為全球最頂尖的糕點師傅之一。安德烈斯（José Andrés）也加入他的廚房。安德烈斯也是在十幾歲時開始接觸廚藝，後來榮獲全美最佳大廚獎，成為美國小盤料理（small plate）的先驅。

鬥牛犬家族不僅在工作上全力以赴，也常在下班後的巴賽隆納舞廳裡盡情狂歡。阿德里亞笑稱：「在鬥牛犬餐廳，大概沒人希望當主廚的我活得太久。」久而久之，阿德里亞團隊憑藉著直覺，開創後來人稱「現代主義烹調」（modernist cuisine）的先河。

隨著一九八〇年代悄悄進入一九九〇年代，鬥牛犬餐廳在這位新主廚的帶領下，終於贏回自維納離去後久違的米其林二星。後來阿德里亞買下這間餐廳，開始放眼嶄新的發展方向。他在餐廳冬季休店期間，特意到雕塑家朋友坎彭尼（Xavier MedinaCampeny）位於巴賽隆納的工作室，每天負責籌備午餐和晚餐料理，並從中學習藝術家工作室的精神。隔年，他重新翻修鬥牛犬餐廳的廚房，讓廚房展現如藝術工作室的氛圍及工作方式。

一九九三年，他精心研發的餐前菜、下酒菜（tapas）在當地引起轟動。他那年創造出的菜單包括：黑松露冰糕佐芹菜凍、莫札瑞拉起司培根、杏桃乾佐芥末和焦糖醋油醬、沙丁魚佐花椰菜庫斯庫斯，以及花椰菜泥和豬耳燉菜。如今，年輕的加泰隆尼亞男士會特地帶著心愛的女朋友，從巴賽隆納沿著蜿蜒的山路來到這間海濱小餐館，看著女朋友因品嘗到超乎想像的佳餚喜極而泣。

一九八〇年代末期，科學正式走進高級料理廚房。牛津大學物理學家庫爾蒂

（Nicholas Kurti）和法國物理化學家提斯（Hervé This）開始每年在義大利埃里切（Erice）舉辦「分子與物理料理研討會」，並吸引布魯門索（Heston Blumenthal）和加尼葉（Pierre Gagnaire）等名廚前來。阿德里亞指出，他不曾參與過這類會議，而且直到二〇〇〇年代中期之前，也沒有任何科學家在他身邊工作。然而他在一九九〇年代的許多發明，都與分子料理如出一轍，這是他經由直覺和反覆試驗而獨立創造出來的成果。

舉例來說，法式慕斯在法國高級料理中有著悠久的傳統。製作這道甜點時，必須用叉子打發鮮奶油等餡料，並根據你使用的器具，搭配恰到好處的力道和速度，才能製作出慕斯入口即化的口感。一九九〇年代早期，阿德里亞就想著要做出極度蓬鬆口感的慕斯。直到一九九二年冬天，當他待在雕塑家朋友坎彭尼的工作室時，偶然發現一個氧氣罐。他突然想到，或許可以把氧氣直接注入番茄裡。於是他把連接氧氣罐管子的另一端插入番茄，打開噴嘴。幾秒鐘後，這顆番茄卻爆炸成碎片！雖然阿德里亞不斷重複進行實驗，但最後仍舊失敗。

隔年，他的糕點師朋友埃斯克里巴（Antoni Escribà）帶來一支來自瑞士的二氧化碳瓶，這又激發阿德里亞開始思考起新點子。後來他在附近一家名為貝爾艾爾（BelAir）的餐廳發現一種笑氣瓶。阿德里亞於是和他弟弟艾伯特向店家借了這支笑氣瓶，創造出他們的第一個「食物泡沫」（espuma）。動物膠似乎是維持泡沫結構的關鍵，讓裡頭充滿空氣。他立刻將食物泡沫納入鬥牛犬餐廳菜單，充滿空氣感的慕斯遂成為阿德里亞的招牌料理。

隨著網際網路的出現，阿德里亞及其團隊在一九九〇年代打造出鬥牛犬餐廳傳奇。他不斷將新想法帶進餐廳，速度完全不亞於網際網路不斷將新想法帶進每個家庭的情況。阿德里亞會先產生某個構想，接著對其進行實驗，然後上桌。這個模式多少也反映出人類大腦如何處理感官資料，並產生創造性的反應。

人類創造的動力，根源於大腦複雜精密的獎勵系統，包括釋放多巴胺和體抑素（somatostatin）等神經傳導物質，並收集內外部感官資訊進而活化基底核（basal brain，掌管肌肉運動、平衡，以及呼吸等自主行為）、大腦邊緣系統（limbic system，掌管情緒與記憶）及新皮質（neocortex，掌管高階認知功能）。科學家將這種獎勵系統區分為三個基本功能：渴望（「誘因顯著性」或動機）、連結學習（正增強），以及喜歡（包括愉悅和狂喜）。這三個獎勵系統的功能，可以幫助創造者在創意型塑的過程中，從概念的發想、堅持到創意真正實現，並提升熱切的好奇心。

我們會渴望得到特定事物，例如一雙鞋子，這是因為它們能帶來立即、直接的好處（比如說鞋子穿在腳上很舒服，避免腳受傷）。我們也會渴望其他事物，例如金錢，這是因為它代表價值和未來利益，並間接為我們帶來愉悅，使我們有能力獲得所需的新事物，例如一雙新鞋子。我們的大腦藉由強化學習來了解這種間接的好處，亦即採取科學家所說的「無模型」（modelfree）或「有模型」（modelbased）的形式，每一種形式都涉及不同但重疊的迴路。

舉例來說，學生閱讀《戰爭與和平》（*War and Peace*），或許一開始只是為了在俄國文學課程上獲得好成績，很大部分原因來自於她的大腦擁有一個抽象的「模型」，亦即知道拿到好成績將會在未來獲取好處。同時，透過閱讀托爾斯泰著作的過程中，能使她重溫法國和俄羅斯的歷史，最後進入十九世紀女性解放的世界，這個過程是如此令人愉悅，以至於培養她一生對世界文學的熱愛。原本的動機的確是為了成績，但現在她是真的喜歡閱讀了。

渴望、連結學習以及喜歡，是由穿梭於我們神經系統間的訊號所驅動，這些訊號會引導我們思考、決定和行動。在整個創作過程中，這些訊號會彼此疊加，影響大腦複雜的認知和情感功能。它們會激勵我們憑空發想出新點子，並對此進行實驗，然後表達出自己嶄新的想法，亦即我所謂的「創造者循環」（Creator's Cycle）：構思、實驗，以及展示。

藉由一次又一次的「創造者循環」體驗，美學創造者從好奇心出發，並在認知與情感層面持續得到增強，同時感受到因創造所帶來的愉悅感。就如同阿德里亞之所以能不斷創新並樂此不疲，就是因為他在鬥牛犬餐廳廚房裡，推動著不斷升溫的「創造者循環」。

- 步驟一，**構思**。阿德里亞丟掉所有講述傳統高級料理的食譜書，將目光拉回到他的家鄉加泰隆尼亞的食物，激發烹飪靈感。
- 步驟二，**實驗**。阿德里亞不僅從加泰隆尼亞的家鄉文化裡擷取靈感，並走出廚房，持續和他人（如藝術家朋友坎彭尼）交流互動，不斷嘗試與實驗，逐步實現夢想。

- 步驟三，**展示**。阿德里亞透過端上桌的每一道菜餚述說著自己的夢想。他堅持做過的菜色絕不重複，因為按照馬克西姆的說法，創造意味著絕不複製。

二〇〇三年八月，阿德里亞登上《紐約時報雜誌》（*New York Times Magazine*）封面人物，標題是「嶄新的新式高級料理：西班牙如何成為新法國」。在封面故事中，記者盧伯（Arthur Lubow）稱讚阿德里亞的餐廳是「美食家死前必去的聖地麥加」。盧伯曾在鬥牛犬餐廳慶祝成立二十週年時造訪，當時阿德里亞為了週年盛事，特別推出多道最熱門的作品。盧伯在報導中寫道：

> 菜單上包括三十道小碟菜，每一道都標註著推出日期……首先登場的是一杯冰鎮威士忌酸酒、一杯泡沫莫吉多雞尾酒（mojito），搭配的前菜是將玉米粒磨成

粉末、重新製成的爆米花，以及玫瑰花瓣天婦羅。接著登場的是一道借鏡於加泰隆尼亞特色美食番茄麵包（pa amb tomàquet，亦即烤麵包抹上番茄，再淋上橄欖油）的鹹餅乾，餅乾上塗著一層由剝皮的番茄分解成的白色冰沙，並灑上橄欖油增添風味。下一道是飽含濃湯、咬下去會爆汁的雞肉餅。主菜「家樂氏海鮮燉飯」（Kellogg's paella）則是以蓬鬆的爆米香（Rice Krispie）為基礎，由上菜的服務生加入香氣濃郁的海鮮濃湯；旁邊搭配一隻炸蝦、一片蝦刺身，以及一個安瓿瓶。安瓿瓶內裝著濃稠的棕色蝦頭濃湯，食客須按照指示將其擠入口中。

在《紐約時報雜誌》這篇文章出現之前，阿德里亞的餐廳有時一整個晚上門可羅雀。這篇文章發表之後，直到這間餐廳不再營業之前，每年都會收到超過一百萬筆的顧客訂位。正如同網路已成為現今主流的媒體，阿德里亞的餐廳儼然成為高級料理的代名詞，打破人們過去長久以來對於美食的刻版印象。二〇〇二年，鬥牛犬餐廳被《餐廳雜誌》（*Restaurant Magazine*）評選為全球最佳餐廳。在二〇一一年鬥牛犬餐廳宣布關閉之前，曾連續四次獲獎，這是一項從所未見的空前紀錄。

阿德里亞的成功祕訣

許多創造者在成名之後會開始變得保守、害怕失敗，享譽國際的名聲分散他們的注意力，使他們忽略「創造者循環」中最根本的動力來源：個人的內在酬賞。然而阿德里亞完全沒有陷入那樣的境地，他熱愛他的工作，這份熱情從第一次來到鬥牛犬餐廳時便延續至今。他對「創意是永不重複」的承諾，使鬥牛犬餐廳在歷史上獨樹一幟，但隨著社會各界對他產生愈來愈高的期待，也讓他開始感到筋疲力盡。

阿德里亞的餐廳像是一間文化實驗室，不僅是不斷研發創新的基地（文化創造路線），同時也是一家能夠獲得商業利益的企業（商業創造路線）。他為我們示範如何打造融合兩種創造方式的場域，以「第三條創造之路」實現夢想。終生的美學創造者傾向於在文化實驗室中發展及磨鍊審美過程，這類文化實驗室大多致力於第三條創造之路，不會受過程中遭遇的挑戰而影響。他們知道如何能在合約期限內將手稿交給出版社，也知道何時應從公司經營者的角色中抽離出來，適時回到「實驗室」，由強烈的好奇心所引導，繼續他們的創造和發明。

原本阿德里亞獨自一人開拓著他獨創的領域，毫無競爭對手。在《紐約時報雜誌》那篇文章刊登之後，他所身處的高級料理市場頓時眾聲喧嘩。現在他的競爭對手遍布全球。評論家期待他能年年保持龍頭地位，但對阿德里亞而言，他的文化實驗室已經失去前衛感，而這使得鬥牛犬餐廳無以為繼。因此在經過幾年獲得空前的成功之後，阿德里亞索性關閉這家餐廳。

一九三三年，當包浩斯學院在德國文化部下令關閉時，其中的藝術天才遂像被風吹送的種子一般到世界各地發展，例如：德國建築師凡德羅（Mies van der Rohe）來到伊利諾理工大學；納基（László Moholy-Nagy）來到新包浩斯，也就是現在的伊利諾理工學院的設計學院（IIT Institute of Design）；亞伯斯（Josef Albers）來到北卡羅萊納黑山學院（Black Mountain College）；以及格羅佩斯（Walter Gropius）來到波士頓哈佛設計研究院。這間史上最著名藝術學校的關閉，對藝術、設計和建築領域都產生極為深遠的影響。

鬥牛犬餐廳於二〇一一年歇業後也產生類似的效應。曾與阿德里亞一同共事或深受其影響的廚師，紛紛於各地拿下眾多頂級餐廳的獎項。例如：丹麥哥本哈根諾瑪餐廳（Noma）的瑞哲彼（René Redzepi）、西班牙巴賽隆納的羅卡兄弟（Roca brothers），以及義大利摩德納（Modena）法蘭雀絲卡納頂級餐廳（Osteria Francescana）的博圖拉（Massimo Bottura）。阿德里亞的影響力迅速遍及整個歐洲和美洲，在米佛德（Nathan Myhrvold）厚達兩千四百三十八頁的《現代主義烹調》（*Modernist Cuisine*）一書中，正式確立阿德里亞為世界帶來的重要影響。這本書於二〇〇一年出版，正好是鬥牛犬餐廳歇業的那一年。書中所指出的未來美食新規則，讀來彷彿是由阿德里亞所下的定義。

我第一次與阿德里亞見面是在二〇一五年的秋天，他因參加麻省理工學院舉辦的一場活動而造訪我的餐廳「藝術科學咖啡館」（Café ArtScience）。當時我正在草創一個數位氣味平台，並設計一份數位氣味晚餐菜單。每道菜都有自身獨特的香味，顧客只需用手指觸碰數位平板電腦螢幕上的菜單，就能聞到每道料理的氣味。阿德里亞也參與這項實驗。他的鼻子幾乎碰到我們提供給他的每一種食物：魚、馬鈴薯，以及酒。晚餐結束後，他把主廚坎貝爾（Patrick Campbell）叫來，用一種老一輩父親讚許孩子的慈愛，拍了拍自己的肚子以示滿意。接著，他舉起一杯空酒杯問：「這是什麼？」他的隨行夥伴加西亞（Lluís García）在一旁為他翻譯成英文。「酒杯嗎？或許它是香味的圓頂。」接著，他將杯子倒放，讓我們知道他接下來可能會在其中裝滿煙：「那麼現在這又是什麼？是闊底玻璃瓶？碗？還是花瓶？」

阿德里亞經常用這個空酒杯的比喻，鼓勵我們要對任何事存疑，因為世界上存在的一切是如此非比尋常。阿德里亞深具啟發的談話，讓當晚也在場的諾貝爾醫學獎得主夏普（Phillip Sharp）表示，那天的晚宴是他「經歷過最難忘的晚餐」。

幾個月後，我出發到巴賽隆納拜訪鬥牛犬實驗室（El Bulli Lab），這是阿德里亞在關閉餐廳後，於巴賽隆納市中心創立的實驗室。有趣的是，鬥牛犬實驗室沒有明顯可見的廚房，實驗室裡共有二、三十個人，大多是來自世界各地的志願者，他們靜靜坐在桌子旁工作，四周都是海報、數位螢幕和攝影書，以及廚房烹飪工藝品，所有人正認真投入在阿德里亞一項志向遠大的專案，他打算對食物的觀點進行編目，出版成一套共達三十五冊，每冊厚達五百頁的《鬥牛犬百科》（*BulliPedia*）。在這個大如倉庫般的工作室一端，是他與唐培里儂香檳王（Dom Pérignon）合作專案的一項展覽，目的是幫助這個經典香檳品牌重新塑造形象。工作室另外一頭，則是一個巨大的數位互動螢幕，上面展示著阿德里亞預計在原址重新開張鬥牛犬餐廳的計畫，未來這間餐廳將是一個結合博物館、學校和餐廳的終極文化實驗室，阿德里亞將它命名為「鬥牛犬一八四六」（El Bulli 1846），概念來自於他過去所創作出的原創菜餚數量。

我花了兩天時間和阿德里亞共處，隔年又來造訪三天。在我拜訪期間，無論阿德里亞走到哪裡，我都亦步亦趨的觀察著他：無論是他在監督團隊成員進行《鬥牛犬百科》的工作，或是當他漫步在巴賽隆納的食品批發市場，與當地買家討論食品分類系統。有時他會流露出逗趣的表情，特別是當他發現談話對象心不在焉時，他會報以一種誇張又震驚的懷疑目光；但當他檢核每道要出餐的菜餚時，就彷彿像是外科醫師般冷靜而精確在進行分析。在他身上，我從未看到無聊、困惑或焦慮等不具生產力的情緒。即便是在沉思，他也會展現出一種極具張力的身體語言，無論是俯身倚著櫃台凝視一切，或是歪著頭仔細聽人說話，某種程度上都像是一種警告，警告世人他將挑戰所有假設。

對美學的熱情，是我們能夠常保好奇心的重要關鍵；相信自己能夠創造重要事物，是有朝一日實現夢想的前提。隨著時間的流逝，創造出的事物似乎與創造者本人密不可分。有時創造的熱情也可能是盲目的，當一個人以獲取個人利益為目標，只想贏得一場比賽或在爭論中占到上風，因而被框限在僵化的現實利益上，因此什麼也學不到，也不會因此變得更好。

對美學的熱情絕非盲目，而是一種自然生長的傾向，我們就像是一株植物，在空間和時間條件的限制下尋求發展，為了尋找更多的養分，為了適應土壤中的水分、太陽的角度，以及風的力量，不斷費力的伸展、茁壯，開展出新的枝枒。

這就是阿德里亞的創造之道。

運用行動中的同理心，創新醫學的未來

無論是去太空旅行或是追求未來醫學的發展，在探索任何領域未知疆界的過程中，開拓者通常會與周邊的人保持密切聯繫。接下來，我們來看看麻省理工學院的蘭格（Robert Langer）教授，他是目前世界上最多產的發明家之一，也是有史以來

論文被引用次數最多的工程師。

蘭格在職業生涯初期，就創造出一種肉眼看不到、可行生物分解的奈米微粒，當患者遭受癌細胞侵襲時，可將載藥的奈米微粒送至病變部位，以均勻且逐漸的方式釋放到身體組織中。他的發現衍生出新的癌症療法，不僅能夠挽救患者生命，還能增加成功康復的機會。蘭格的生活和職涯充分顯示，開拓者身處在極端條件下，同理心是創造重要事物的必備要素。

照亮世界的心願

蘭格於一九四八年出生於紐約州首府奧爾巴尼市（Albany），父親在當地經營一間小酒吧。他認為兒時的他並非是個特別有創造力的孩子，在成長階段中做的也都是一九六〇年代一般孩子會做的事。他從小熱愛理工科目，大學選讀康乃爾的化學工程系，大學畢業後進入麻省理工學院做研究。他對於教學有很高的熱情，在攻讀博士學位的同時，還為當地特殊高中的輟學生開設化學課程。

回想起那段教輟學生的時光，蘭格對我說：「你看得出這群孩子在學習時閃爍在腦中的光芒，他們從化學之中發現這個世界獨特的運作方式，這種發現給予他們原本對生命缺乏的希望。」對蘭格而言，教學不只是分享化學的基礎知識，而是在「打開那道光」，將對世界的希望與光亮傳達給學生。正是這種照亮世界的熱情，讓蘭格在日後創造出對全人類至關重要的事物。

研究所畢業後，蘭格原本想留在學校任教，可惜沒能如願。不過，擁有麻省理工學院畢業的優異學歷仍為他獲得許多業界的工作機會。當時，他收到二十家石油化工公司的錄取通知，但是蘭格清楚知道自己對開採石油完全沒興趣，因此全都拒絕了。他想做的事，是對人類社會真正重要的事物。也正是在這個時候，哈佛醫學院知名教授福克曼（Judah Folkman）走進了他的生命。

福克曼是波士頓兒童醫院史上最年輕且傑出的外科主任，不僅身材高挑，更具有沉著、自信的特質。福克曼一生致力於癌症治療的研究，但他的研究方式不同於一般正統的做法。福克曼認為，癌症腫瘤之所能夠存活，是因為它會向血管發出一種分子訊號，指揮血管沿著它要生長的方向延伸，持續供給生長所需養分。他把這種現象稱為「血管新生」（angiogenesis）。他提出一個有趣的假設：如果能找到抑制癌細胞中血管新生的方法，就能控制癌細胞的生長。他將能殺死癌細胞的分子稱為「抑制素」（statins），亦即「血管新生抑制分子」（angiogenesis inhibitors）。福克曼已透過動物實驗證明這個現象，但要具體分離出相關因素仍是一大挑戰，血管新生的生物化學機制也仍待釐清。

蘭格對這個研究深感興趣，決定跟隨福克曼進行研究。在福克曼的實驗室中，蘭格是唯一的工程師。追求理性分析的工程師，配上依靠當下直覺反應的外科醫生，這真是個有趣的團隊組合。蘭格斷然拒絕眾多業界提供優渥工作的選擇在麻省理工學院完全沒有先例，因此他的老師在驚訝之餘稱他的行為是「自殺之舉」。蘭格不知道他們說的究竟對不對，不過他也壓根不在乎，只是全心投入福克曼的實驗。畢竟對人類而言，有什麼問題會比找出如何阻止血管新生來得更重要？

後來，蘭格和同實驗室的年輕醫生布雷姆（Henry Brem）合作發表他的第一篇論文，其後還共同創造一種得到美國食品藥物管理局核准的腦瘤新療法。布雷姆和福克曼有許多共同點，他的個子也是高高的，待人和藹並深具同理心，他們一拍即合。布雷姆的父母是奧斯威辛集中營（Auschwitz）和布亨瓦德集中營

（Buchenwald）的倖存者，這樣的背景讓布雷姆深深認同福克曼與蘭格的信念：我們每個人都應該努力讓世界變得更美好。

邏輯與直覺的微妙組合

從麻省理工學院到哈佛醫學院，蘭格勇敢跨出一大步。過去他一直以為一定要依靠所學知識才能邁向成功；但當他進入福克曼的實驗室後發現，自己原來不只能運用原有的知識，還必須在未知的狀態下創造出新事物。癌症新療法的創造與研發不僅攸關邏輯應用，也需要包括直覺、想像力、模糊性、不確定性的思維方式。

身為科學家，福克曼經常因過於直覺、甚至帶有藝術性的作法招致批評。有趣的是，蘭格卻發現倘若缺乏這種開闊的視角，便很難發現新事物。對科學家而言，顯然是邏輯至上，但當你在一個嶄新的領域之中一路摸索著前進，每當遭遇令人訝異的情況時僅是依循邏輯，可能會錯過許多意想不到的發現。

蘭格來到福克曼實驗室後不久，便提出一個大膽的假設。福克曼認為，抑制血管新生的大分子可以儲存在聚合物粒子中。聚合物是構成合成塑料的大型複雜分子，也是我們體內許多自然組織和生化物質。諸如蛋白質等天然聚合物會滲透擴散並儲存於我們的身體組織裡，幫助傷口修復和組織生長等。蘭格希望能自創發揮同樣功效的人造聚合物粒子。他將這種粒子放置在腫瘤附近，讓這些微粒逐漸釋放抑制素來殺死癌細胞，如此一來，患者便不需要經常上醫院持續注射藥物，這將讓那些沒機會或無法上醫院接受治療的病患有機會存活下來。

像福克曼這樣的專家很清楚，蘭格的想法乍看起來對於癌症療法並非是一個可靠的方案，那比較適用於小分子，若是大型抑制素分子則較為複雜且脆弱，很可能因化學分解而失去效力。的確，一時之間，蘭格也無法用邏輯推導來證明自己是對的。由於不確定免疫系統會如何反應，所以他需要在實驗室裡做長期且複雜的實驗才能找到答案。

用同理心創造奇蹟

蘭格和福克曼將彼此的偉大構想結合成共同的夢想，其實是有風險的，因為他們走的路很可能是錯的，或者很可能在他們有所發現之前，一生就這麼過了，更別說要研發出有效的療法。在追求治癒癌症夢想的過程中，他們踏出的第一步是以創造永續事物為目標，接著又邁出第二步，致力於攜手奮鬥。而福克曼始終能站在蘭格的立場上，理解蘭格的勇氣。

福克曼的實驗室主要是由醫學實習生和生物學家組成，他們擁有與蘭格截然不同的醫學文化，因此彼此在溝通上難免會遇到一些問題及困難，此時蘭格只能獨自悶頭刮小牛軟骨，或是做他的聚合物實驗。福克曼巡視他的實驗室時，和蘭格在一起的時間往往比任何人都多。有時他們會互換角色，福克曼讓自己當學生，跟著蘭格學習，有時則當成老師，給予蘭格信心，幫助他在最艱難的前九個月中向前奮進。在這段期間裡，蘭格原本極有可能離開，逃回到他所熟悉的化工領域，然而在福克曼的充分支持與參與下，蘭格愈來愈投入，一步步往眼前那片未知疆土邁進。

當福克曼見到蘭格腦中持續閃爍的創造之光時，似乎也感受到當年蘭格在教高中輟學生時的那股悸動。蘭格經常工作到很晚，福克曼有時會留下來和他一起待在實驗室裡，或是要蘭格到家後給他打電話報平安；三十多年以來，蘭格和福克曼一直保持這個習慣，直到福克曼去世。在蘭格努力分離血管新生抑制劑、想方設法證明他的聚合物假設時，福克曼始終在一旁支持。蘭格全心投入，天天待在實驗室，完全沒有額外的社交活動。

有一天，福克曼帶著一名新人走過蘭格的工作檯。他對蘭格點了點頭，然後用可以傳遍整個實驗室的大音量對新人說：「假如你想知道如何變成偉大的人，看看蘭格就好，」他繼續說：「蘭格無時無刻只想著進實驗室努力工作，他一面刮小牛骨頭上的軟骨，腦子裡一面產生源源不絕的想法。他最後一定會成功！」

身為化學工程師，蘭格很容易理解血管新生這回事。在某種程度上，他比福克曼和其他醫生看得更清楚；他們對癌症的了解雖然比蘭格要多，但蘭格對化學原理的了解卻更多。當每個人都願意站在對方的角度來思考、填補對方的不足，你就會驚訝的看見同理心所創造出的無限可能。當福克曼愈來愈理解蘭格的思考方式，他終於意識到蘭格對血管新生的觀點是多麼深具革命性。

福克曼在實驗室裡真正需要的是一名創造者。學理上的發現固然重要，但要真正創造出重要事物，就需要一顆聰明工程師的頭腦。

擁有先進知識與開放審美眼光的創造者，彷彿是上天賜給世人的禮物，蘭格就是這樣的人。他認為腫瘤就像是一個化學工廠，能像細胞一樣產生化學物質，這些化學物質擴散到周圍組織並與其他細胞產生反應。其中有些可能屬於毛細血管，而化學反應會改變這些毛細血管，使它們朝向腫瘤的方向發展，最終帶給腫瘤養分，幫助其成長。這個假說在進化論和化學工程上都說得通，但由於它是一個缺乏科學明證的新觀點，因而醫學界大多視其為迷信。

這時，福克曼正透過標準色層分析實驗進行分離，尋找能夠抑制血管新生的分子。基本的操作過程是將從軟骨中刮出的材料放入特製的凝膠柱，然後進行觀察。由於凝膠可減緩材料的流動速度，根據分子大小的不同會有不同的流動速度，既然我們已經知道所要尋找的分子大小，就可以透過觀察找到並分離出所需分子。這說起來不是太複雜的事，但仍有賴新加入的蘭格在實驗室長期辛苦的反覆操作才終能完成。

「福克曼告訴我，在小牛軟骨中，我將發現能抑制血管新生的分子。」蘭格沒有質疑福克曼的說法，就某種意義上來說，他把醫生的直覺當成自己的直覺。他們共同採用這個歸納性假設，同時他們同意，如果無法以嚴謹的科學方法予以證明，他們最終會放棄這個假設。後來蘭格花了一年的時間，致力於分離出抑制血管新生的分子。布雷姆也加入他們的行列，負責透過仔細的實驗與分析，檢視蘭格分離出來的成果是否確實有效。

布雷姆在紐約大學獲得生物學學士學位後，便一直在福克曼的實驗室工作。他在哈佛大學完成一年的生物學研究所學業後進入哈佛醫學院，因此他知道關於血管新生生物學的一切知識，這是蘭格在書中讀不到、在與福克曼談話中也聽不到的。布雷姆比蘭格小四歲，他就像蘭格的弟弟一樣，學習蘭格沉穩的性格，受益於蘭格的指導。布雷姆喜歡和蘭格一道午餐、一同在實驗室待到很晚，分享他所知道的事情，而這對蘭格也大有幫助。布雷姆擁有開放、毫不設限的心態，因此他「無知」到相信蘭格瘋狂的聚合物假設，始終淪為實驗室其他人的笑柄。然而這對好搭檔卻合作無間：布雷姆打造並進行所有能證明蘭格第一篇論文的活體實驗；蘭格則為布雷姆提供洞見和途徑，幫助布雷姆研發出一種新的腦癌療法。

「開創事物會讓你與其他人以從未想過的方式結合在一起，」蘭格表示，「如果沒有與他人建立聯繫，我肯定不會走上我現在的道路。這些聯繫不僅是我與福克曼的，也是我與實驗室裡的其他人的，例如布雷姆以及我與學生之間的聯繫。」

當時蘭格的處境就像是同時在兩處全世界都認為沒有寶藏的地方淘金，必須承擔著雙倍失敗的風險。他走在這條未知的道路上，還得繼續走個一、兩年，才知道腳下所踩的到底是不是正確的路。

永不停止的創造者循環

蘭格、布雷姆及福克曼不斷努力實現夢想，終於成功達成他們的開創性夢想。他們同樣是遵循著「創造者循環」的三個步驟：構思、實驗及展示。

許多人以為當我們展示出新創造的事物，象徵著整個創造過程的結束。這類創造模式的確在生活中十分常見，例如開發一隻新手機或寫一本新書時，我們通常知道人們需要什麼，所以我們開始創造，然後讓產品上市並獲得收益。這種創造模式的確看起來十分有效率，但並不適用於在未知領域中的創新。

在「第三條創造之路」的創造過程中，創造者所要展示的並不只是單純的產品。他們展示的可能是一篇文章、一項設計，或是一道新的菜色，這些創造產物將開啟深刻的公共對話，使創造者又進入新一輪的「創造者循環」之中。透過長期反覆開啟的「創造者循環」，讓創造出來的事物得以不斷進化，而創造者也隨之進化。

蘭格來到哈佛醫學院的第二年，正式發表兩篇具開創性的學術文章。第一篇文章是與福克曼合寫，刊登在《自然》（*Nature*）期刊，說明小牛軟骨萃取物抑制腫瘤生長的能力，這是第一個鐵證，證明血管新生真有其事，而且我們有能力加以抑制。第二篇文章發表在《科學》（*Science*）期刊，證明我們可以從植入的聚合物微粒中釋放高分子化合物，即乙烯乙酸乙烯酯共聚物（ethylene vinyl acetate，能緩慢釋放抑制素），因此無需定期注射，也能有效治療癌症。

這兩篇文章的發表引起蘭格期盼已久、廣泛的科學討論，而其他實驗室開始試圖證明或反對他和布雷姆及福克曼的發現。在蘭格的第一份提案獲得認可之前，為了能持續進行研究，他實際上交了九份提案。為了證明自己的假設，蘭格、布雷姆以及福克曼在實驗室待了超過兩年，在得知自己的發現終究開啟新的開拓性機會之後，他們的關係與連結變得更為緊密。

蘭格的研究發現最終促進格立得晶片（Gliadel wafer）的誕生，這是蘭格與布雷姆共同研發的一種化療晶片，如今成為腦瘤治療領域的重大突破。而布雷姆後來也進入約翰霍普金斯大學，成為一位受人景仰的醫學教授。福克曼的血管新生假說則引發人們對於癌症的重新思考，到目前為止，已經有十一種癌症療法和一百四十六種藥物投入臨床實驗。如果說，在福克曼的實驗室工作使得蘭格成為一名發現者，那麼將他的想法融入文化交流與對話，最終幫助他真正成為重要事物的創造者。

蘭格的成功祕訣

如今，蘭格發表在《科學》和《自然》期刊的文章，比世界上任何工程師還要多；目前他擁有約一千三百項已發布和待審定的專利，以及超過一百種市售的醫療保健產品。即使如此，蘭格認為他的學生遠比任何專利和發明都重要，至今他指導過超過三百名研究生。每年夏天，他都會邀請學生到他位於法爾茅斯市科德角（Falmouth Cape Cod）的避暑別墅聚會；到了冬天，學生會攜伴參加他在夏威夷舉辦的會議。在他的實驗室裡，所有學生隨時都能找到他。當學生大膽夢想，致力於實驗研究並分享彼此成果的同時，他教導學生他在福克曼實驗室裡所學到最重要的事：注重創造，傳達關懷。

在許多生產活動中，可以靠單打獨鬥完成任務，有時成功甚至可能來自於極度的自利及缺乏同理心。但在嶄新領域的創造活動中卻完全不是如此，如果長期與缺乏同理心的夥伴共事，人與人的合作將會變成一場惡夢，甚至遭致災難性結果。重要的創新往往來自群體合作。面對一條充滿未知、難以預測的道路，需要彼此相互依靠、真誠合作才能生存，這時更需要發揮同理心，藉由彼此扶持來克服難關。

透過「創造者循環」，創造者得以維持和發展這種特殊的同理心。在蘭格的故事中，我們可以明顯看見，同理心和熱情一樣，在不同行動的過程中，會隨著每個步驟而有所增長。

- 步驟一，**構思**。蘭格在構思時，是以人類共同的利益為目的來打造夢想。
- 步驟二，**實驗**。在與他人一同合作時，蘭格願意相信夥伴，能容忍他人失敗的可能性。
- 步驟三，**展示**。即使彼此存在顯著差異，蘭格仍非常重視團隊參與的重要性。

熱情與同理心從何而來？

同理心到底從何而來？同理心源自我們大腦的情感與認知歷程。

長久以來，科學家普遍認為情感與認知是彼此對立的，它們總試圖將我們大腦拉往恰恰相反的方向。人類敏銳的情感反應，能幫助我們免於受到兇猛動物或邪惡暴徒的危害；但為了駕馭世界並增進個人利益，我們總是努力壓抑自身情感。「情感是動物性的反應，認知才是人類的特質」，我們相信這樣的說法，所以我們成為偏重認知的人。

然而，上述這種關於大腦功能的簡單二分法早已不受神經科學家歡迎。過去諸如左腦人與右腦人、邏輯與想像、科學與藝術的對立區分，全是對大腦運作方式的古老誤解。事實上，往往當情感與認知能夠彼此協作時，我們才能獲得最佳表現。

大腦的同理能力源自於神奇的鏡像神經元系統。當動物做出某一種動作時（例如用手抓花生），大腦中與此動作相應的鏡像神經元就會被激發。不僅如此，當動物看到其他個體做出相同動作時，大腦中的這組鏡像神經元也會被激發。這意謂著，動物的大腦能夠反映其他個體的實際經歷。因此從模仿學習、感知他人意圖，到同情心所發出的情感反應，鏡像神經元都扮演著重要角色。

更重要的是，同理心也源自於大腦認知歷程。德國普朗克研究院（Max Planck Institute）近期的研究顯示，大腦皮質中有一塊特定區域，專門負責區分自己與他人的感知，幫助我們描述、勾勒自己與他人的情感狀態，在不需要快速處理資訊的狀態下，促使我們產生同理心。相反的，當這個區塊功能不正常時，我們就會喪失感知與關心他人感受的能力。

在為追求短期利益的創造活動中，同理心可能起不了多少作用。因為若要站在另一個人的角度設想，就需要花時間去慢慢了解對方，這樣一來勢必會分散我們的注意力，無法專注於短期目標的達成。的確，就眼前的短期利益而言，我們若不全心追求個人利益，可能會錯失獲勝、獲利及拓展事業版圖的機會。但就開創長期嶄新的未來可能性來看，追求短期利益反而是個阻礙，因此我們需要透過那些有能力、願意幫助我們的人，借由他們的眼睛、耳朵、鼻子來開闊我們的視野（請見圖5）。

二〇一六年，我與著名的海底攝影師暨探險家都必烈（David Doubilet）共同擔任勞力士雄才偉略大獎（Rolex Awards for Enterprise）評審委員。該獎項每年都會頒發給致力於改善地球環境的創新者，也是當今許多拯救地球資源獎項中最早、也是最富盛名的獎項之一。

頒獎典禮的前一天晚上，我們聊起海洋潛水。我問他，成為合格的潛水員需要哪些條件？都必烈這樣回答：「潛水員必須友善對待世界萬物。善良是探索者第二個重要的特質。」我問，那最重要的那個特質是什麼？都必烈說：「是充滿熱切的好奇心。如果不具備善良與熱切的好奇心，你很難長期進行海底探索。」

都必烈的這項觀點在人類創新史上昭然若揭。愛因斯坦將同理心形容為「耐心且真誠的看著對方的眼睛」，非裔美國小說家賀斯頓（Zora Neale Hurston）則將好奇心描述為「有目的性的探訪」。

即使我們對發現新的物理定律或深海中的獨特詩意充滿嚮往，但若是缺少熱情與夥伴，我們往往無法冒著極高風險去探尋未知。如果我們希望在變化莫測的現代生活中創造嶄新事物，「熱情」與「同理心」是對所有人一體適用的真理。

要是我什麼想法也沒有，該怎麼辦？

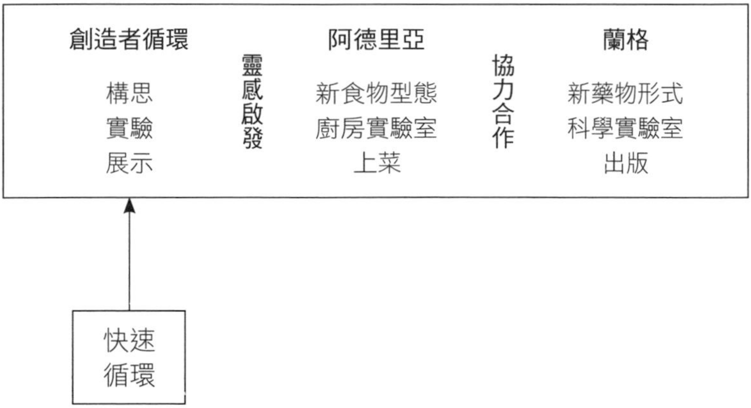

圖5：在創造重要事物的過程中，第一階段是快速、反覆的進行「創造者循環」。充滿熱情的好奇心會激發靈感和新想法，並驅使人們開始思考。同理心則有助於創造者善於傾聽，調整自身想法，藉由協力合作創造出真正重要的事物。
©Bob Roman/ PaneVerde Design and Technology

第四章
實驗：我現在該怎麼辦？

有一年，在我開設的「如何創造重要事物」課堂中，有兩位學生提出一個很有意思的構想，也讓他們開啟一段精彩的旅程。

他們是從歐洲來哈佛求學的哈德菲爾德（Tom Hadfield）和格里莫藍（Magnus Grimeland）。他們聽說在尚比亞（Zambia）的第三大城恩多拉（Ndola）郊區，有一個叫坎托隆巴（Kantolomba）的小村莊，村莊裡約有一萬五千名居民，然而在一場無情的瘧疾侵襲之下，使當地頓時陷入空前危機。用哈德菲爾德的話來形容，該地「沒有自來水，沒有電力，不僅缺乏工作機會，更缺乏資金與商業活動。人們住在臨時搭建的簡陋小屋裡，屋頂總是在雨季來臨時突然倒塌。小村莊位處兩座大型墓地之間，送葬隊伍會在白天穿越骯髒的街道。」

哈德菲爾德和格里莫藍的想法是：先進口蚊帳到村莊並發放給五千個家庭，教導村民正確的使用蚊帳，再創建非營利組織，將蚊帳提供給所有需要的人。他們打算鼓勵更多人加入他們的行列，籌集更多資源，以更大規模的行動來減緩瘧疾的傳播。他們準備與一個名為「眾生慈悲」（Living Compassion）的佛教組織合作，該組織正在當地建造醫療診所。

瘧疾是地球上最致命的傳染病之一。但實際上，我們已經知道蚊子叮咬是瘧疾的主要傳播方式，而從金雞納樹樹皮提煉的奎寧能有效治療瘧疾，我們有能力防治並阻絕瘧疾發生的風險，因此在多數地方瘧疾早已絕跡。然而，貧窮與缺乏醫療資源往往阻礙人們獲取生命安全的保障，因此每年仍有約五十萬人死於瘧疾。

我的學生向哈佛大學韋斯生物啟發工程研究所（Wyss Institute for Biologically Inspired Engineering）申請一筆旅行補助，以便那年夏天能到尚比亞落實心中的想法。他們顯然有些興奮過頭，甚至高估落實想法的能力，但他們無疑想要成功，而且將從實際經驗中獲得學習。這筆補助發下來了（同時還拿到高盛基金會的補助），等學期一結束，他們就立刻啟程前往坎托隆巴。

「我們到那裡的第一天，」哈德菲爾德最近透過電子郵件對我描述當時狀況：「格里莫藍和我大約在八點時抵達。男人們聚集在屋外，聽著一九八〇年代古老手提大型錄音機大聲播放的音樂，大口灌著私釀的酒。氣溫相當高，到處散發著像是燒過的化學物質味道。我們將車緩慢駛入村莊時，有個男人不時在車子前方跌跌撞撞的跳舞，將手放在引擎蓋上盯著我們瞧。當時我的感覺是：這整件事恐怕不是個好主意。」

在整學期的課程中，我鼓勵學生發揮好奇心，培養傾聽、隨機應變，以及與他人迅速協調、統整行動的能力。學生提出的觀點在遭受到頻繁的挑戰下，經常需要不斷反思並調整方向。這門課不會提供學生充分時間去研究當地條件，學生一向無法對即將發生的事預作準備，可能整整投入一年時間後，才會開始真的了解所遭遇的挑戰和機會；如果一開始知道得太多，他們就不會那麼倚賴直覺。

花了一整天探索坎托隆巴，哈德菲爾德和格里莫藍發現自己對這裡一無所知。哈德菲爾德跑去參加「眾生慈悲」定期舉辦的社區會議，有位婦女告訴他，當地人需要的不是蚊帳，而是食物。她說：「我們快要餓死了，就算你們給這些家庭蚊帳，婦女也必須馬上賣掉蚊帳來餵飽她們的孩子，不然蚊帳會被丈夫拿去賣來零花。而且，那些沒拿到蚊帳的人怎麼辦？你們的做法只會分裂我們的社區！」

哈德菲爾德和格里莫藍這才意識到原本直覺性假設是錯的，他們於是拋棄原訂計畫，根據當地居民的需求重新思考如何規劃籌募到的基金，同時協助「眾生慈悲」組織的食物援助計畫。他們開始挨家挨戶進行幼童人口普查，確認需要被納入食品援助計畫的幼童人數，並在極短時間內為坎托隆巴村民帶來實際需要的幫助。

十年過去，哈德菲爾現在已是德州首府奧斯汀市一家新創公司的老闆。他是在與太太飛去非洲度假、舊地重遊之際，透過電子郵件跟我分享他和格里莫藍當年這段珍貴經歷所帶來的啟發。

當創造者面臨危機或劇變時，必須馬上調整既有認知，用全新視野做出反應。例如大文豪雨果（Victor Hugo）在法國社會的動盪期間創作出《悲慘世界》（*Les Misérables*）；比爾蓋茲和保羅艾倫在個人電腦革命之初創立出微軟；或者是林肯（Abraham Lincoln）在美國內戰最嚴峻的時期，撰寫那篇著名的蓋茲堡演說詞。而一九〇七年，二十六歲的畢卡索畫出《亞維儂的少女》，創造出自己和他人過去都從未嘗試過的全新藝術表現形式；在此同時，同樣二十六歲的愛因斯坦發表相對論，大大改變科學的進程。他們各自面臨著時代的變化，並在直覺的引導下快速做出反應，創造出嶄新的事物，不僅為世人所廣泛共享，也讓自己在人類歷史上留下璀璨的軌跡。

用直覺對危機或劇變做出快速回應之後，就會進入長期且持續的實驗階段。這是一個漫長的歷程，正如同畢卡索在創造出《亞維儂的少女》後終其一生不斷開創藝術表現的新疆界，或是愛因斯坦在發表第一篇論文後，用幾年的時間精心建立廣義相對論的宏觀構想，抑或是我的學生從尚比亞回國後開始的創造性事業。

當我們進入實驗階段，其他的情緒與認知狀態甚至比熱情和同理心更為重要。正如接下來的故事所顯示，在從最初的想法到最終落實夢想的漫長旅途中，直覺、天真及謙遜能幫助我們發現：現實也許並非如最初所想像。倘若我們想要改變任何事物，我們需要先改變自己的想法。在本章中，我們將透過來自學校、家庭、科學實驗室到新創公司的文化實驗室案例，了解創造者如何能維繫這些重要的美學維度。

重新想像數位時代：行動中的直覺

當你觸碰手機螢幕，發現螢幕上的字太小或太大，這時你自然會用兩隻手指在螢幕上做出分散或聚合的動作，迅速調整內容的大小。這個如今人們再熟悉不過的「縮放手勢」（pinch-to-zoom），每天被全球數十億人所使用，可說是近年來極少數如此簡單、如此普及、如此深刻改變人類體驗的發明。

縮放手勢的發明者是希利斯（Danny Hillis），然而許多人可能不知道，他的這項發明最初並非為了發財，也不是為了解決某個問題。實際上，他甚至完全沒有注意到因為縮放手勢，而在日後引發出一場國際科技風暴。

縮放手勢的誕生

「我熱愛發明，最喜歡拆解舊東西，然後創造出一個全新的未來。」我們第一次在新加坡機場見面時，希利斯這樣對我說。當時微軟聯合創辦人保羅艾倫正在東南亞度假，邀請許多創造者一同前往聚會，我們也在受邀名單之中。我和希利斯碰巧都是從波士頓出發，因而下機時在機場相遇。自我介紹時，我們兩個都以「發明家」一詞自稱，希利斯笑著說：「這是個多麼具顛覆性的頭銜！」我們寒暄幾句，然後一同坐上開往飯店的接駁車。

「我對時鐘尤其感興趣。」希利斯在車上對我說。光頭的他有一雙富有表情的藍眼睛，他聳了聳肩談起過往：「在一九九〇年代末期，我提出萬年鐘計畫（the Clock of the Long Now），主張打造一個可以持續運轉一萬年以上的時鐘。我的想法是，人類文明已經存續一萬年，為了迎接下一個一萬年，我們應該透過萬年鐘計畫，提醒我們牢記人類文明的延續性，不要陷入短視近利的生活模式。」後來英國作曲家、同時也是希利斯的朋友伊諾（Brian Eno）也加入這個計畫。

多年來，希利斯的計畫在許多人心中彷彿是個神話，雖然在科技業、藝術界或設計圈都引起眾多討論，但大家實在很難想像它是一個能真正運作的時鐘。後來，亞馬遜執行長貝佐斯（Jeff Bezos）決定提供他位於德州的地產，協助完成這個夢想時鐘。根據貝佐斯的公開聲明，他已經在這項計畫上花費四千三百萬美元。

希利斯身兼數學家、計算機科學家及發明家，擁有富含直覺的心靈。天馬行空的事物常會出現在他的夢中，他則會在醒來後探索是否可能將夢境實現。縮放手勢的發明或許也源自於他的童年夢境。希利斯小時候經常在夢中看見一幅獨特的巨幅地圖，彷彿暗示他的家人將搬遷至地圖上某個不尋常之處。在夢中，希利斯可以將地圖伸展、放大，讓他看清楚任何他想去的地方；也能將地圖集中、縮小，讓他能夠一覽世界全貌。

直覺是創造重要事物的關鍵。但我們的直覺從何而來？在解剖學上，直覺與大腦中的尾核（caudate nucleus）有關。在日常生活中，即便我們處於無意識狀態，感官資料仍會在每分每秒湧入我們的大腦，其中有些資料會攫取我們的注意力，但大部分不會。我們的大腦會以特殊的方式儲存及提取這些資料，讓我們能夠不假思索的辨識出一張臉、一個方程式，或路面上的一個坑洞。

情緒會對進入我們大腦的感官訊息，標記出哪些是重要的、哪些則否。那些被標記為重要的訊息會以不易被遺忘的形式儲存在記憶中，形成基於個人經驗所建構出的預測模型，也就是我們的直覺。這相當於非常專業的知識，能讓我們在不知所以然的情況下「知道答案」。情緒歷程會以這種方式引導我們的認知，使我們知道什麼事情是真正有用，這在面臨分歧的抉擇時尤其重要。像希利斯這樣的先驅者會遵循內在直覺，而不是聽從任何外在的人事物。

希利斯的父親是約翰霍普金斯大學的流行病學家，因進行肝炎研究工作之故，曾舉家搬遷到盧安達（Rwanda）、剛果共和國（Republic of the Congo），以及加爾各答（Calcutta）等地。因此希利斯從小就在非洲和印度長大，經常搬家而無法長期在學校學習，因而他在生物統計學家母親的教導下，盡情且愉快的學習他所好奇的各種事物。

一九七〇年代中期，希利斯從麻省理工學院畢業，當時的劍橋正處於數位革命的中心。畢業後，他開始如饑似渴的閱讀波赫士（Jorge Luis Borges）的著作，在攻讀碩士學位的同時，他也參與Logo程式語言的開發工作。然後他在人工智慧領域先驅明斯基（Marvin Minsky）的指導下取得博士學位。

明斯基是麻省理工學院人工智慧實驗室的創辦人，喜歡惡作劇和盡情玩樂，這無形中也影響著希利斯對於創造的看法。「無用機器」（Useless Machine）是明斯基知名的發明之一。當你按下機器的啟動按鈕，會有一隻手從裡面伸出來，按下關閉按鈕。也就是說，這個機器唯一的功能就是把自己關掉。明斯基透過這個裝置來傳達人生的荒謬性。

明斯基不僅創造出「無用之物」，也創造出許多實用之物，例如第一個類神經網路（artificial neural network）就是一個例子。而在他的暢銷著作《有限及無限循序機》（*Computation: Finite and Infinite Machines*）中，他也向希利斯顯示，即便是經過多年研究才能掌握的複雜思想，也可能會找到一種普遍易懂而令人滿意的美學形式。「希利斯是明斯基的得意門生，」創建麻省理工學院媒體實驗室（MIT Media Lab）的尼葛洛龐帝（Nicholas Negroponte）如此說道：「明斯基看待希利斯，就像是對待自己的孩子一般。」

希利斯之所以會思考使用者界面，則是受到尼葛洛龐帝的影響。尼葛洛龐帝認為，計算機介面將遠遠超越文本介面，因此他計畫讓使用者介面更加完善，並將其應用在建築設計上，最終希望更能廣泛運用在各種事物的設計上。

尼葛洛龐帝對於學習的未來充滿熱情，他在同事帕博（Seymour Papert，傾向建構主義教育，提倡將專題式學習方法運用於兒童學習）的協助下，主導法國政府的一個新專案，將計算機學習帶到世界上最需要的地方。規模宏大的「世界中心」（Le Centre Mondial）計畫中有一個備受關注的專案，旨在將Logo語言和Apple II電腦帶給塞內加爾共和國首都達卡（Dakar）以外地區的學童。希利斯因為得知這項專案的消息，於是在一九八二年，與明斯基進行博士研究一年之後，收拾行囊準備前往巴黎，打算花幾個月的時間貢獻所長。希利斯希望設計一個新的使用者介面，讓不識字的孩子也能順暢操作。

「回想當年，我們在明斯基實驗室做的每一件工作都能拿到酬勞。」希利斯與我第二次見面時，我們坐在劍橋的藝術科學咖啡館，外頭已是夜幕低垂，落地窗外來往行人川流不息，有些人趕著回家，有些人準備進餐廳裡喝一杯或吃頓飯。他向我解釋道：「但在做完該做的工作後，我通常會讓自己任憑直覺盡情發揮，發明一些像電子郵件之類的東西。」他停頓了一下，臉上閃著促狹的微笑說：「別人付錢要我們做的事，我們做得也算還不錯；但直覺驅使我們去做的事，卻足以改變整個世界。」希利斯和夥伴們就這樣依循直覺在創新領域裡悠遊玩耍，他們的發現或發明為人類生活帶來深遠的影響，也被其他後繼者做持續研究及轉化，成為我們現今生活中的重要事物。

在巴黎的這段期間，希利斯花費幾個星期，研發出第一代縮放螢幕原型。接著，在希利斯返回麻省理工學院之前，尼葛洛龐帝把他介紹給當時正好在巴黎檢查Apple II專案進展的賈伯斯。當時希利斯和賈伯斯的年齡都將近三十歲，希利斯是個聰明的工程師，賈伯斯則是個聰明的商人。兩人都擁有創造者所需要的敏銳直覺，他們猜想著或許有一天他們會一起合作或相互競爭，甚至可能比對方更快實現夢想。

他們在一起度過一整天時間，最後以在巴黎的搭車冒險結束這次聚會。當時賈伯斯和希利斯坐在尼葛洛龐帝駕駛的敞篷車後座，賈伯斯幾次試圖在車子停下等紅綠燈時跳下車，試圖記下尾隨他們的計程車車號。雖然最後賈伯斯失敗了，但他成功學到更有用的東西：希利斯縮放螢幕的想法。雖然縮放螢幕想法的種子，還要等待好幾年才在蘋果手機的世界裡成長茁壯，但最終成為科技史上最大的「借用」發明成果之一（後文會有更多著墨）。

當人類面臨未知環境時，例如當一個青少年前往新的學校就讀、一位發明家嘗試創造改變人類生活的產品，或者一名攀岩者正努力攀上一座未知高山的頂峰，直覺往往扮演著非常重要的角色。這種經驗是嶄新的，蘊含全新的機遇和風險。先驅者必須在毫無先例參考的情況下做出決定。

相對而言，在面對我們所熟悉、能夠掌握的環境時，例如在熟悉的學校學習、改良一個已經被廣泛使用的產品、攀登一座已造訪多次的山，直覺似乎就沒那麼有用。為了避免風險及生命財產的威脅，似乎應該避免任何不合邏輯的行動。

以攀岩的人為例，正常情況下他會先計算路程、分析地勢、推算補給量，用邏輯推演來規劃出安全登頂及下山的策略。然而進入山區後，就會開始面臨各種未知的突發狀況。當突如其來的風雨讓他感到手指冰冷僵硬，這時就得切換到不同的思考方式。同樣的道理，當一個人面對未知情境，會開始關注所有細節，希望自己做出正確的決定，這時他的思考方式可能是直覺的，也可能是演繹推論的，或者通常兩者都有。直覺可能告訴他，眼前這塊岩石足以支撐他的重量，但通過邏輯判斷，他評估這有可能行不通，所以努力尋找其他更安全的路徑。

直覺與邏輯是藝術與科學的泉源，在開拓者的生命中彼此緊密交織、無法分離。

希利斯的成功祕訣

希利斯在一生的冒險經歷中培養出敏銳的直覺。開拓者在創造過程中會變得愈來愈強大，每一次冒險都會強化他們已經學到的東西。我們以希利斯的例子，來解釋「創造者循環」的三個步驟。

- 步驟一，**構思**。當時希利斯還不清楚該怎麼製作使用者介面，他決定讓自己置身於陌生的新環境（巴黎）中進行構思。
- 步驟二，**實驗**。為了解身處的環境條件以及促進實驗進行，他與比自己更有經驗的人開啟合作式對話，包括與帕博、尼葛洛龐帝、賈伯斯等。希利斯曾謙虛的表示：「對我而言，沒有什麼比被更聰明的人環繞更重要了。」
- 步驟三，**展示**。希利斯最終發明出嶄新事物，預告未來人機介面發展的無限可能，展示出人類歷史上第一個縮放螢幕原型。

希利斯發明的觸碰螢幕地圖，極有可能是史上第一張縮放地圖，照理說他本來就可以將縮放作為一種概念來申請專利，但他卻認為這是非常糟糕的舉動。在希利斯看來，通用的概念（諸如車輪、電腦或管樂器）理應歸屬於公眾領域，這些概念是在特定的歷史背景、特定環境條件下產生，經常被多數人表述，而且重要程度遠大於任何人所能想像。他覺得唯有當概念被落實為實際產品，並對其他人產生重要影響時，發明者才有資格申請專利。這時的希利斯，還沒意識到他為世界帶來的特殊貢獻，事實上，他已經領先時代幾十年！

從巔峰到谷底

接著，希利斯話鋒一轉，跟我談起麻省理工學院校園裡最熱門的話題：類神經網路。希利斯當年就相信，有朝一日電腦會像人類大腦一樣被連接起來，用來快速發送、接收，以及處理資料。

在人類的大腦裡，訊息走的是平行路徑，從一個神經元傳遞到另一個神經元，這些路徑以錯綜複雜的方式彼此連接，產生知識、情緒及直覺。希利斯想要打造的正是一種類似大腦神經網路運作方式的電腦，在晶片上安裝多個處理器以提升運作效能。當時有人認為，這樣做會降低晶片運作效率，希利斯只是在浪費時間。為了驗證自己的構想是正確的，希利斯決心設計新的晶片，讓每個晶片的處理器從兩個、四個，再升級到十六個。當他證明出平行計算多處理器系統晶片確實有效，就和明斯基著手成立一家公司。

公司開業的第二天，一位來自加州理工學院的訪客走了進來。「理查費曼（Richard Feynman）報到！」這位聞名世界的諾貝爾獎得主打趣的說道。費曼是第一位與希利斯一起工作的先驅者。後來，希利斯的思維機器公司（Thinking Machines）吸引無數人才，到了一九九〇年代初期，這家公司已經成為計算機產業的新寵，匯聚起一批全球最聰明的人，創造出全球最聰明的機器。

希利斯的電腦不僅運作速度快，外觀也極具美感。相較之下，主要競爭對手克雷電腦（Cray computers）卻顯得毫不起眼：矮胖的圓柱體、平行條紋從地板向上延伸，一看就知道是台大型電腦。思維機器公司的電腦則看起來不僅時尚，更像極了現代家具，讓你不禁想一探究竟裡頭藏了些什麼，這使得它們在建構未來場景的電影中很受歡迎。例如在一九九三年的《侏羅紀公園》（*Jurassic Park*）和一九九六年的《不可能的任務》（*Mission Impossible*）中都看得到思維機器公司的身影。但到了一九九三年，這家公司卻是一落千丈。

希利斯的確憑藉敏銳的直覺在電腦科學領域一枝獨秀，不幸的是事實證明，直覺在自由競爭市場卻派不上什麼用場。思維機器公司急於爭取美國國防先進研究計畫局（Defense Advanced Research Projects Agency，簡稱DARPA，負責軍方長程尖端科技研發）的重要合約，以獲得市場領導地位。二次世界大戰以來，麻省理工學院在向美國政府提供技術解決方案上素來表現優異，希利斯及其公司可望從這種關係中受益。同時DARPA是一般公認為最「難搞」的政府機構，而這也使得希利斯更容易維持以往的合作夥伴關係。

然而克雷電腦等其他競爭對手卻將思維機器公司日益增長的市場力量視為一場不公平的競爭，於是積極進行遊說，力圖打破思維機器公司在DARPA的獨占地位。思維機器公司忽視這股強大的威脅力量，沒有努力向國會說明，最終導致失去政府合約，並且在公司缺乏多元化發展的情況下走上倒閉一途。

一九九四年，希利斯在女兒出生的那一天正式宣告破產。他感到萬分沮喪，覺得自己辜負朋友和同事的期望。在漫長的創造過程中，即便是戰績輝煌的創造者也有失敗的時候。第一次失敗的經驗往往帶來最大的打擊，但優秀的創造者卻能從失敗中汲取教訓，並以飛快的速度跨越失敗的陰影，彷彿自己從未失敗過。

迪士尼幻想工程

後來，希利斯開設一家諮詢顧問公司，不久就被公司的客戶迪士尼延攬。他的朋友費倫（Bran Ferren）是迪士尼幻想工程（Disney Imagineering）總裁，這是一個由眾多工程師和設計師組成的團隊，負責應用創意與科技，讓迪士尼的故事、角色與場景，得以在全球各地的迪士尼樂園中「幻想成真」。費倫為希利斯設立一個名為「迪士尼研究員」的新職位，並任命他為研發副總裁，讓他擁有參與迪士尼商業決策的發言權。在艾斯納（Michael Eisner）當執行長的那些年裡，迪士尼成為全球最成功的公司之一。

在麻省理工學院時，希利斯會主動發明一些他和朋友都覺得有趣的東西，但他並不會問其他人需要他幫忙發明些什麼，也不知道如何邀請別人一同參與他的發明冒險旅程。然而到了迪士尼公司，人稱「米奇十誡」（Mickey’s Ten Commandments）員工行動規則中，頭兩項就是要關注你周遭的人：

1. 了解你的觀眾。
2. 站在觀眾的立場著想。

接下來的三項規則強調要給予明確引導，使顧客體驗更加完善：

3. 善用說故事技巧，創造符合邏輯的體驗流程。
4. 創造視覺焦點，吸引觀眾自然而然從這個區域移到下一個區域。
5. 以圖像、色彩、形狀等直觀方式傳遞訊息。

最後五項規則主張訊息要絕對簡潔。

6. 避免資訊超載，減少觀眾的認知負荷。
7. 一次只講一個故事。
8. 注意一致性，避免自相矛盾。
9. 創造豐富環境，帶給觀眾超乎預期的趣味體驗。
10. 保持下去，做好園區維護工作。

經過一整個一九九〇年代，艾斯納將迪士尼樂園從原本的核心「迪士尼樂園」（Disneyland）和迪士尼世界（Disney World）的遊樂園據點，擴展至巴黎、東京以及香港，同時也在佛羅里達州和加州擴大業務。幻想工程團隊是樂園及內容擴建背後的創意功臣，他們之所以邀請希利斯加入，目的不僅是希望他能創造出新的機器人（他確實做出來了），還希望他能參與這個史上最強大的說故事帝國未來的發展策略。一九九〇年代末，迪士尼與皮克斯達成一項歷史性的協議，要製作三部皮克斯電影：《玩具總動員》（*Toy Story*，該片已改變電影動畫的歷史）、《蟲蟲危機》（*A Bug's Life*），以及《玩具總動員2》（*Toy Story2*）。身為研發部門副總裁，希利斯參與公司的整個決策過程，也學到迪士尼說故事的規則。

希利斯不僅有所學，也有所創造。不過有一次，他做得太過頭了，因而學到一個終身受用的教訓。當時希利斯想，如果能讓恐龍在樂園裡走動，肯定是件超酷的事！他知道怎麼製作會走動的機器人，而且他也相信，如果不實際做一個出來，迪士尼領導階層永遠不會明白這會是多麼棒的機會。

為了實現這個構想，希利斯努力了好幾個月。有一天，他邀請艾斯納及公司高階領導階層進入迪士尼工作室園區的一間倉庫內。大家坐在一個大木箱前，聆聽希利斯描述對於樂園內走動機器人的構想。大家都在心裡猜想，待會兒恐龍即將從那個大木箱中走出來。

突然間，希利斯身後的箱子碎裂了，艾斯納和其他人困惑的看著，裡頭沒有東西。透過暗藏的揚聲器，強而有力的腳步聲開始迴盪在倉庫之中。腳步聲愈來愈大，一隻巨大的恐龍從希利斯身後的一片黑暗中走了出來。艾斯納和其他人在座位上不斷往後退，然後跳了起來、爭先恐後的逃開。

希利斯成功了，但也失敗了。顯然，他的恐龍會嚇壞迪士尼樂園內的觀眾。後來這項計畫被中止。希利斯有效運用迪士尼的十條規則講述他的故事，只是他忘記了第十一項未說出的規則：

11. 講述一個人們渴望一聽再聽的故事。

這個故事帶給他巨大的影響就是，確保這類事情不再發生。那是他最後一次犯這樣的錯誤。

重新出發

一九九九年，希利斯決定重新回歸創新領域。他與費倫創辦一家名為「應用思維」（Applied Minds）的諮詢顧問公司。這間公司一成立，客戶名單立即大排長龍。接下來，就是希利斯實現美學直覺的第三個步驟了。

「『應用思維』是我起步之處，因為我在迪士尼並沒有獲得足夠的樂趣，」二〇〇五年三月，希利斯在於聖地牙哥舉辦的歐萊禮新興科技大會（O'Reilly Emerging

Technology Conference）上，對觀眾如此說道：「我想要將藝術、設計、技術及科學結合起來，創作出1.0版的全新事物。」希利斯展示一幅大倉庫的照片，就像他那隻嚇人恐龍藏身的倉庫一樣。倉庫內有辦公室、電子顯微鏡、機械工廠，以及電腦控制的刀具。他向大家展示一個能往任何方向移動的ＮＡＳＡ機器人，以及一個蛇型機器人。他宣布：「你可以與一台車、一個機器人連接起來，它們能一同運作……這是一個癌症模擬裝置視覺化的系統，它致力發現哪種癌症藥物的化學特性對哪種病人有效。」

接著，他提起一個一直想要加以實現的想法：「我想要設計一張地圖，你可以用手勢讓它放大，」他播放一段影片來展示自己的發明：「你可以輕鬆的撥開圖層，從衛星地圖一直放大到眼前的街道，」當希利斯完成他的簡報，全場觀眾報以如雷般的掌聲。

突然間，這一切都有了意義。該是實現縮放螢幕夢想的時候了！

希利斯為自己的想法申請專利，並與費倫共同創立一家名為「觸控桌」（Touch Table）的公司，並持續拓展與不同領域企業的合作，例如為全球頂尖武器製造商格拉曼（Northrop Grumman）開發適合的軟體縮放技術。要創造的東西實在太多，甚至包括開發Google搜尋的新功能，因此希利斯在二〇〇五年聖地牙哥的會議上俏皮的說：「但我真的無法說太多，因為我沒有時間了。」

縮放手勢專利權大戰

兩年後，二〇〇七年一月，賈伯斯站在舊金山的莫斯康展覽中心（Moscone Center）講台上，揭開最新款iPhone觸控螢幕的面紗。賈伯斯向大家表示，蘋果公司已經為新一代的iPhone發明一種縮放螢幕。在賈伯斯身後的螢幕上，「專利」（PATENTED）一詞快速閃過。台上的賈伯斯看起來如此耀眼，但他沒有提及希利斯的名字，也沒有提到早在麥金塔電腦計畫啟動前的那趟巴黎之行。

賈伯斯的產品發表會效果非常好，iPhone的螢幕似乎有著神奇魔力，蘋果當年賣出一百三十萬台手機。接著，三星推出第二款有著縮放螢幕的智慧型手機，結果和iPhone一樣賣得非常好。到了二〇一一年，全球大約有十億人擁有蘋果或三星的縮放螢幕。

蘋果控告三星侵犯專利權，三星予以反擊。儘管希利斯對這場國際專利權大戰毫不知情，但這家韓國電子業龍頭所聘請的律師指出，希利斯早在二〇〇五年早已獲得這項專利。二〇一三年，美國專利商標局正式駁回蘋果公司的該項專利。蘋果持續上訴，但二〇一六年仍得到相同裁決。

法院的裁決認證一件事：希利斯才是縮放手勢的發明者。

希利斯並沒有從蘋果和三星的這場大戰中獲得一分一毫（他在寫給我的一封電子郵件中提及，他甚至不曾試圖爭取任何金錢回報），他對這個震驚國際科技產業的事件毫不在意。希利斯說：「發明就像這樣，先是一萬人有一個類似的想法，然後有一千人真的試圖達成，一百人幾乎做出成品，十人成功做出來了，最後只有一個人順利把它推向世界。我們稱呼最後那個人為『發明者』。」

在萬年鐘裡看到未來

羅斯（Alexander Rose）是一位工業設計師，他的工作地點位於加州的索薩利托（Sausalito），與舊金山隔海遙遙相望，工作內容則是負責一項極為特殊的任務，那就是帶領團隊在加州建造萬年鐘的所有零件，完成後到德州西部一座山的內部組裝起來。身為萬年鐘基金會（Long Now Foundation）執行董事，羅斯已經與希利斯合作長達十年之久。

萬年鐘是希利斯想像力的結晶，其運行的動力來自於每天的日夜溫差。在接下來一萬年的漫長時光中，每年指針會走一格，每千年報時器會響一次。這組囊括一連串的鐘將受懸吊載重的驅力發出聲響，當遊客在長途跋涉後來到山上，能在參觀期間幫忙將萬年鐘轉上發條。雖然風箱系統能維持萬年鐘的功能很長一段時間，但鐘響系統的機制取決於人類是否介入。而風雖然能讓時鐘自動持續發出聲音一百年，但也意味著人們可能在出現危機、戰爭、生態浩劫，或任何未來可能發生的災難時，全然忘記萬年鐘的存在。

過去從來沒有人主張應該建造一個可運行一萬年的鐘，畢竟它無法解決什麼問題，對經濟也沒有實質幫助。然而時至今日，萬年鐘計畫顯然是眾所注目的焦點，萬年鐘基金會至今已有數千名會員，每個月都會收到從世界各地寄來的支票，以具體行動支持萬年鐘的理念。

重要的發明往往會在創造者離開後仍能維持很長一段時間。這些發明未必對世上所有人都很重要，甚至有些人可能會覺得那一點用也沒有，但它們確實傳達出某些關於人類存在的特殊訊息。就像萬年鐘對某些人來說，具有共同為人類的未來而攜手努力的特殊象徵意義。

小說家謝朋（Michael Chabon）在二〇〇六年的一篇文章〈未來將需等待〉（The Future Will Have to Wait）中寫道：「萬年鐘的意義不在於測量通往未知未來的時間，而是在於重建關於未來的想法，讓我們再次思考未來，不再依循以往的做法行事。重新領悟：我們不只是遺贈未來給下一代（雖然我們的確這麼做，不論我們想不想都是如此）；從最廣義的第一人稱複數代名詞來看，我們也同時繼承著未來。」

在舊金山舉辦的萬年研討會，每次總是吸引無數觀眾參與，就如同我和羅斯一起參加的那次一樣。當時丹麥經濟學家隆柏格（Bjorn Lomborg）在會議中提及他的環境評估研究所（Environmental Assessment Institute），主要目的在針對全球人道服務工作的成本效益進行財務評估。他認為無論根據任何計算方法，萬年鐘的淨現值都是零。這表示全球最聰明的商人之一、亞馬遜創辦人貝佐斯支持的這項萬年鐘，顯然毫無任何經濟效益可言。

後來，我為了秋天在劍橋舉辦的萬年鐘展而造訪位於加州聖拉斐爾（San Rafael）的一個金屬廠房，這裡是製造和測試萬年鐘主要機械的地方。當時羅斯開車接送我，我問他：「和希利斯一同工作感覺如何？」他的萬年辦公室座落在舊金山一家很受歡迎的酒吧上面，酒吧的名字恰如其分名為「間隔」（The Interval）。這間酒吧實際上是萬年鐘基金會的一個公眾文化實驗室，也是舉辦萬年鐘研討會和展覽的場所。

「希利斯絕頂聰明，甚至可說是才華洋溢，」羅斯答道：「但大多數人或許不知道，當他和菲爾茲獎（Fields Medal）得主討論艱深的數學問題時，竟然可以像是和德州機械工廠工人聊天時一樣輕鬆自在。他能夠了解他談話的對象，並適當調整說話的方式，正因如此，當你與他對話時會覺得他總是無時無刻在學習。他聰明得可怕，他的直覺能力超乎想像。」

重新想像社會行為：行動中的天真與謙遜

蓋瑞特（Richard Garriott）是第一個大型多人線上角色扮演遊戲《網路創世紀》（Ultima Online，簡稱 UO）的創始者，造就現今蓬勃發展的線上遊戲市場。他所創造的虛擬世界，開啟網路社交的新紀元，使遊戲中的財富可以在現實生活中以實際貨幣出售，模糊了虛擬與現實世界的分界，也逐漸改變人們的生活與思考方式。

蓋瑞特目前與妻子、五歲的女兒和三歲的兒子住在紐約市，這間連棟的房子就像是座象徵他豐富創造生活的神殿。當有客人來訪，他總會以一種初次發現新事物的態度，踏著充滿活力的步履為客人導覽自己的家。一樓，他整理從太陽系最初形成到早期人類以至於未來的手工藝品，包括他在二〇〇八年時登上太空站時所穿的太空服。二樓，他展示一些收藏品，足以顯現他對魔術、鬼屋、中世紀習俗，以及太空旅行的熱愛。頂樓則是他的小型閣樓辦公室，保存他全部的創造成果，包括他二十八歲時創造的電玩遊戲、兒時得獎的科展專案，以及一台仍能操作他最初《創世紀》（*Ultima*）遊戲的 Apple II 電腦。

走進蓋瑞特的家，一如他的生活態度，在在展現出創造重要事物的第四大維度：天真。天真能使我們遠離日常生活的規律，進而發現真正重要的新事物。

蓋瑞特從小住在德州休士頓郊區，左鄰右舍都是美國太空總署（NASA）員工，他的父親歐文（Owen）是一名太空人。在蓋瑞特十二歲那年，歐文第一次執行太空任務。到了蓋瑞特二十二歲時，歐文第二次執行太空任務，將第一座太空實驗室送入軌道。這時的蓋瑞特已經靠著網路遊戲成為百萬富翁，連登月太空人艾德林（Buzz Aldrin）的公司都找他投資，雖然蓋瑞特因而損失大筆資金，不過他也從中記取教訓：無論你多麼聰明，無論你是多麼偉大的開拓先鋒，每一項新發現都需要充分準備。這個教訓也讓他從此成為一個求知若渴的自學者。

少年得志

就像阿德里亞一開始對食物並未展現強烈的愛好一樣，蓋瑞特小時候不太喜歡正規的學習，他很喜歡玩角色扮演遊戲《龍與地下城》（*Dungeon & Dragons*），也經常在母親的陪伴下參加科學競賽。為了通過學校考試，他從閱讀托爾金（Tolkien）

的《魔戒》（*Lord of the Rings*）中學來的盧恩字母（runic script）❶，研發出做小抄的祕訣。這個獨門絕技幫助他每次考試都能低分飛過、勉強及格。直到某一天，發生了一件改變他一生的事。

蓋瑞特十四歲時，父親獲得史丹福大學獎助學金，因此全家暫時移居加州帕羅奧圖（Palo Alto），於是蓋瑞特在當地一所高中就讀高一。在這所高中裡，竟然有四台功能齊全的電腦終端機！這在他的家鄉休士頓根本是不可能的事，一間高中裡大概頂多只有一台像這樣的電腦，而且可能還沒有人知道該如何使用。電腦也許是NASA成功的關鍵，但在當時NASA員工的孩子們並沒有機會學習電腦。

在帕羅奧圖的一年時光中，蓋瑞特盡情浸淫在編寫電腦程式的領域中，等蓋瑞特回到休士頓後，他的電腦能力在高中已經無人能及。老師也觀察到蓋瑞特在電腦程式上的天分，不僅鼓勵他向大家展示自己創造的新穎遊戲，甚至還為蓋瑞特申請電腦程式的自學方案，讓他能花更多的時間在電腦上。

❶ 譯註：一種已失傳的中世紀北歐字母。

蓋瑞特開始寫程式，很快就獲得親友和眾人的關注。到了一九七七年，他已經有一批崇拜者，其中一位是當地電腦世界（Computerworld）商店的經理，蓋瑞特放學後晚上都在那裡打工。當時Apple II電腦剛上市，還沒有太多內容，蓋瑞特的老闆鼓勵他，假使他想為Apple II開發一款電玩，這家店或許能幫他賣出幾款遊戲。後來蓋瑞特暫時離開學校主機，事實上過去他已經在這台電腦上寫出二十四款電子遊戲。接著他花費大約六週的時間，製作出他的第一款Apple II電子遊戲：《阿卡拉貝》（*Akalabeth*）。

《阿卡拉貝》這款遊戲於一九七九年上市，遊戲概念是殺死地下城的怪物。幾週內，這款遊戲就出現大量盜版，在德州各地的電腦世界商店裡以裝在夾鏈袋的光碟形式銷售。加州太平洋（California Pacific）遊戲發行公司最後買下《阿卡拉貝》在全美國銷售的權利，蓋瑞特十九歲那年，這個遊戲已經在全美賣出三萬份，每賣出一份遊戲，蓋瑞特可以獲得五美元的收入，他這年的收入已經是他父親薪水的兩倍。

蓋瑞特的父母鼓勵他繼續嘗試，他接著為加州太平洋開發一款他稱之為《創世紀》的遊戲。結果大受好評，熱銷不斷。兩年後，他發行《創世紀》第二版，那時，他每年都能賺幾十萬美元，同時還能支付德州大學奧斯汀分校（University of Texas at Austin）的大學學費。在這個過程中，他也學習到早期遊戲產業的不良商業行為。由於受到出版商兩次蓄意不支付版稅，蓋瑞特和他哥哥羅伯特（Robert，擁有麻省理工學院史隆商學院的商業管理學位）決定創辦自己的公司Origin。

重返天真

Origin於一九八三年推出《創世紀3》（*Ultima III*）。這款遊戲賣得很好，蓋瑞特還第一次收到粉絲來信，然而這些粉絲的來信，卻完全改變他對遊戲的想法。

當蓋瑞特還是小孩時，他從沒想過創造虛擬世界的渴望，最終會成為一條賺大錢的道路。即便當金錢開始流動，他還是像以前一樣工作，致力於拓展虛擬世界，向世界展示他們腦海中閃現的神奇景象。人們風靡他的遊戲，創造出的銷售佳績也讓他確信，那些對他而言重要的東西對很多人來說也很重要。然而當蓋瑞特開始閱讀粉絲的來信，他才真正開始了解，對於粉絲而言他的作品到底為何重要。

《創世紀》的目標是打倒邪惡勢力。你玩的時間愈長，你贏得的力量愈大，而你獲勝的機會也愈高。所有的電玩遊戲都運用這個基本規則：善戰勝惡。但在粉絲的來信中，他發現對粉絲而言，分辨善惡是毫無意義的。他們純粹只喜歡在他的遊戲中殺死怪物和村民。對他們來說，獲得勝利才是最重要的。

蓋瑞特開始懷疑自己所創造的虛擬世界，這一切或許是錯誤的。他思考著：假如生活在現實中人們的所作所為就如同他們在遊戲中那樣，那麼世界將會是一片混亂。他想解決這個問題，但不知道該怎麼做。他對西方文明的歷史發展所知有限，他只知道十誡以及一些模糊的天賦人權概念。他不知道如何創造一個虛擬世界，並賦予它道德價值。

蓋瑞特在這方面是天真無知的。就像他的兒時偶像艾德林也很輕率天真，還讓投資艾德林公司的蓋瑞特賠光了錢。然而那段往事還是有其價值，它激勵蓋瑞特在遭遇困惑時必須持續學習。

無論對兒童、藝術家或科學家而言，隨心所欲、無拘無束的天真是個人直覺的來源，也是能為世界帶來全新洞見與啟示的必要特質。然而所謂的天真，指的絕非學校或公司一再警告不要出現的那種無知與盲目行為，也不是說出或做出日後將會後悔的那種輕率與魯莽行為。

這裡所說的天真，是當熱情的好奇心、同理心，與磨鍊過的直覺相互結合下產生出的奇蹟。它會鼓勵我們在不可知的事物面前停下腳步，以不同於以往的眼光進行深入的觀察。即使我們受過高等教育或經驗豐富，卻能夠不受到過去教育與經驗的影響，就像是初次發現一般完全專注於眼前所見。

我們不妨將創造的協作歷程想像成一座冰山。冰山頂端露出水面的可見部分就像是人類有意識的大腦功能，例如想法、感覺和記憶，只占大腦功能的一小部分。冰山絕大部分隱藏於水面之下，就像是無意識的大腦功能，亦即擺放深層記憶、身體運動功能和直覺的儲藏室。而海平面的部分則是我們的想像力，位於有意識和無意識的大腦之間，讓兩者得以進行資訊交換。

這是非常寶貴的功能，因為我們大部分的大腦活動都在海平面下進行。每當有意識的認知出現空白時，無意識就會登場接手，根據過去經驗而形成的預測模型，來自動判斷目前處境及應該做出什麼反應。這就是所謂的直覺。

例如一位經驗豐富、準備齊全的登山者正處在偏遠的斷崖邊，眼看著一場暴風雨即將來臨。面對突如其來的嚴峻考驗，他必須迅速做出決定：究竟是要冒險選擇一條從沒走過的路，前往距離較近的營地；或是選擇一條自己熟悉的路，前往一個距離較遠的營地。就認知而言，在變動的情境下可供判斷的資訊相當有限，因此他會毫不遲疑的捨棄前幾週所做的各種規劃，運用過去豐富的經驗，以大腦中累積的大量資訊做出直覺性判斷。

正如同利伯曼（Matthew Lieberman）在《社交天性》（*Social*）中所述，我們的大腦在出生後才大量發育，與此同時，我們是在家庭和朋友的社會環境中成長。人類出生後大腦質量增長非常顯著（至少與我們的體重成正比），也因此我們的大腦比其他動物的大腦都大得多。就絕對質量而言，我們的大腦仍屬偏小的那類。大象的大腦比我們的大。成熟的鯨魚則擁有最大的大腦。那是因為大腦控制身體功能。大的身體，其大腦也大。當我們以動物大腦的質量除以動物身體質量時，得到一個反應相對大腦潛能的數字，亦即大腦與身體質量比。正是在此比例範圍內，人類大腦脫穎而出。最接近我們的競爭對手似乎是寬吻海豚，其數值大約是人腦與體重比的一半。我們「過量」的大部分大腦質量，多為大腦新皮質，這是覆蓋在前腦表面的灰質，解剖結構上擁有幾個不同的區域。其中之一是前額葉皮質（prefrontal cortex），對認知至關重要；另一個則是後聯合皮質（posterior association cortex），是聽覺、視覺，以及軀體感覺聯合之處。我們處理感官訊息，最終能感知或解釋我們周遭的世界（這得益於我們用以探測刺激源的複雜因果模型），這部分優於其他動物。

當我們意識到自己處於天真無知的危險中，我們會更加注意這類資訊。那些長時間創作並從中獲得快樂的人，例如蓋瑞特，往往會因此更加珍視天真，並試圖在一生中都能保有這種天真。他們會藉由與開發開創性思維的相同過程來發展天真。

- 步驟一，**構思**。創造者創造出他們想要的東西，卻很少期望這些東西會變得多有價值。他們下一步會做什麼，完全取決於他們從自己創造的新事物中發現了什麼。
- 步驟二，**實驗**。他們堅定且保持全神貫注，並以嶄新的視野來學習。
- 步驟三，**展示**。他們會迫不急待向人展示他們的發現，就像沒有任何人做過這樣東西一樣。

人們通常在保護和促進天真的環境中長大，就像在一個鼓勵說故事、夢想、交談對話或表演的家庭中一樣。一旦長大成人，這些人或許仍然會聽故事、讀小說，或是看芭蕾舞表演，但他們可能會被個人責任、職務挑戰和財務困擾所壓垮，因而在這些冒險中完全迷失自己。重要事物的創造者會設法藉由創造過程本身，來恢復童年的天真。

當蓋瑞特留意到電玩遊戲涉及的是非道德問題時，他已開始磨鍊自己的天真。一九八三年的夏天，他開始閱讀盧梭、伏爾泰、康德、尼采、沙特、維根斯坦和傅柯的作品。他研究東西方的宗教，以及佛洛伊德和達爾文的觀點。在他的心目中，道德的本質可以濃縮為三種價值觀：真理、同情心及勇氣。他認為在紀伯倫（Kahlil Gibran）的書中最能完全體現。在他看來，每一種道德價值都是奠基於這三種價值觀之上。蓋瑞特想像出一款遊戲，能激勵玩家不殺生，而是勇敢無畏的生活。這是他給自己的一項挑戰。

他的哥哥羅伯特認為這是個壞主意。遊戲明明已經賣得很好了，證明玩家就是就喜歡這樣的產品。現在如果要放棄原本的優勢，為遊戲創造全新的動機，然後希望玩家會喜歡，看起來就是在製造一些非必要的風險。

但蓋瑞特不這麼認為。他希望做出來的遊戲對人們很重要。他希望劃清道德遊戲與非道德遊戲的界線，他相信遊戲中的價值會影響人們的現實生活，即便他們並不自覺。更重要的是，他希望玩家能像對待現實生活一樣，認真看待他們的虛擬線上生活。至少他自己是這麼做的，但令他惱火的是，許多對他而言像家人般的人卻沒有這麼做。玩家們在現實生活中並不接受不受約束的不道德行為，那為何他們在遊戲中卻能接受這種行為呢？他懷疑遊戲設計中存在缺陷，希望能加以修正。

與此同時，蓋瑞特偶然發現印度教的「化身」（avatar）概念，這個詞指的是神在人世間現身時所展現的形體，例如黑天（Krishna）是毗濕奴神的十種化身之一。這讓他突然想到，玩家應該將自己在遊戲中的角色，視為個人的一個化身！因此，新推出的《創世紀4》（*Ultima IV*）名為：《聖者傳奇》（*Quest of the Avatar*）。邀請人們將自身所抱持希望與信念，全心全意投入在遊戲中，而「化身」一詞也具有當代的意義。

《創世紀4》的創下的銷售佳績，不僅證實蓋瑞特的直覺，也讓他的天真有了回報。《創世紀4》是第一人稱角色扮演的遊戲，有別於以往打打殺殺、擒服地下城怪物的風格，被《電腦遊戲世界》（*Computer Gaming World*）在十年後評價為有史以來第二好的電玩遊戲。

蓋瑞特以一種對他人重要的美學形式，創造出對他個人重要的東西。

墜落深淵

《創世紀4》於一九八五年上市，時值賈伯斯宣布推出麥金塔電腦的後一年。到目前為止，蓋瑞特所有的電玩遊戲都是在Apple II平台上完成的。到了一九八五年，Apple II的銷量持續下滑，麥金塔電腦才是未來趨勢所歸。蓋瑞特用錯誤的格式，創造出有史以來最好的電玩遊戲之一。

現在，他需要為個人電腦編寫遊戲程式，否則他日益壯大的遊戲帝國註定滅亡，儘管這或許只是時間早晚的問題而已。

遊戲產業在新興時期的發展迅速，造就無數小公司的崛起。然而隨著市場逐漸成熟，美商藝電（Electronic Arts）等大型遊戲公司開始掌握遊戲零售市場的主導權。當整合時代來臨，要讓Origin繼續保持獨立已漸顯困難。在這個時期中，Origin製作出兩款創世紀遊戲，《創世紀5》還是支援Apple II平台，而一九九〇年上市的《創世紀6》已專供個人電腦使用。轉型至個人電腦為Origin爭取了一些時間，好讓蓋瑞特和他哥哥在一九九二年將公司以三千萬美元賣給藝電。整個Origin團隊轉而為藝電創作，員工人數激增，之後團隊瓦解，《創世紀8》倉促上架，結果以失敗收場。

希利斯所經歷的思維機器公司衰頹以至於倒閉，現在也發生在蓋瑞特身上。他的創作並不像他所期待的那般重要。將公司出售給藝電後，蓋瑞特更成為一個雖然相當富有，但卻心懷不滿的員工。因為在大公司中團隊規模增加，營運成本也遠超過以往，現在他所做的每件事都要背負龐大的成本壓力，迫使最終他不得不開始解雇員工。

有一次，一位與蓋瑞特共事多年的員工被解雇了。其他同事要他趴下，用白色膠帶在辦公室地板上貼出他的人形輪廓。在接下來幾天裡，其他同事紛紛在他的人形上獻花。

對蓋瑞特而言，這是多麼痛心的結果。一切看來就是場悲劇，或許即將終結這位傑出創造者的創造生命。然而事實正好相反，正如希利斯那樣，徹底的失敗反而成為蓋瑞特全新革命性創造的起點。

以謙遜再起

「謙遜」是七大美學維度中第五個維度，亦即創造重要事物的第五項層面，是指創造者清楚意識到，在未知領域探索的過程中，他人所帶來的貢獻與價值。創造出可持久延續的事物，並持續推動它的持續發展與貢獻，這不單單靠個人的熱情就可以完成，還需高度仰賴他人的支持與參與。

在經歷「創造者循環」的過程中，我們意識到自己無法單槍匹馬搞定一切，我們需要其他人、需要能夠仰望的對象。當我們只能獨自奮鬥時，我們和正在創造的事物一樣脆弱，不僅我們的創造物會在不被他人需要的情況下枯萎，我們也可能因而陷入抑鬱喪志的深淵。

創造活動中的謙遜態度與人類大腦的社會性功能有關。長久以來，科學家普遍認為人類之所以擁有比其他物種更大的腦容量，是為了更有能力執行邏輯功能而演化出來的。一九九〇年代，英國人類學家鄧巴（Robin Dunbar）決定要檢驗這個假設是否正確。

鄧巴檢驗了關於「動物大腦容量與身體比例為何不同？」的三種解釋。第一種解釋主張大腦容量與物種的創新潛能及認知能力有關。第二種解釋主張大腦容量與物種的學習能力有關。第三種解釋則主張大腦容量與物種的大腦功能沒有直接關係，而是與社交網絡大小有關。

研究結果顯示，在以上三種解釋中，「社交網絡的大小」最能有效解釋不同物種腦容量的差異。老鼠、熊、狗和貓都傾向於獨居。寬吻海豚成群游動，最多同時可達十二隻。而人類社交網路的規模則大約是一百五十人，這也是占美國國內生產總值一半左右的中小企業典型規模。我們的大腦之所以演化為較大的尺寸，相當程度上是為了從社會群體中受益。自然而然的，我們天生就會很關心自己所身處的這個群體，謙遜與同理心也因而產生。

當碰觸炙熱的東西時，我們會感受到疼痛。科學家利用腦部功能性磁振造影

（fMRI）發現，當人感到生理性疼痛時，大腦的反應區域包括視丘、下視丘及前額葉皮質。在一個實驗中，科學家要求玩家在電腦遊戲中與兩名虛擬角色來回傳接球。三人相互拋接一段時間後，電腦控制的兩名虛擬角色會開始只傳給彼此，讓玩家產生被排擠的感受。此時科學家以功能性磁振造影觀察玩家腦部，發現玩家大腦產生反應的區域，與感受到生理性疼痛時完全一致。原來所謂的「心痛」不只是種形容，當事人是真的會痛。

更進一步來說，我們不只能感受到自己生理或心理上的痛，還能感受到「社會身體」（social body）上的痛。功能性磁振造影顯示，當一個人目睹配偶遭受痛苦時，大腦與疼痛有關的區域也會隨之活化，彷彿是自己正在經歷痛苦一般。若讓承受社會性疼痛者服用止痛藥物，他們會明顯感到疼痛減輕。

失去與朋友間的親密關係，其痛苦程度並不如失去一條腿；眼見朋友的手指被割傷，其痛苦程度也不如自己的手指被割傷。我們並非總是以相同方式、相同程度感受他人的痛苦。神經科學研究顯示，母親所感受到自己寶寶的疼痛，通常更甚於足球教練感受到隊上受傷球員的疼痛。總而言之，我們確實能感覺到我們身體以外的疼痛，當我們與他人的社會網絡密切程度愈高，愈能體驗對方實際感受。

我們能夠感受到社會性疼痛，同樣的也能感受到社會性獎賞。最近的神經科學研究顯示，當我們中大獎贏錢時，會啟動大腦的獎勵系統；但即便我們沒中獎，看到別人中獎了，同樣會啟動我們大腦的獎勵系統。

人類大腦的獎勵系統中，已隱含著公平的觀念。我們樂見自己過得好，但如果周圍的人過得都糟透了，我們也不會開心到哪裡去。個人得失並非人生的全部，我們還會關心他人。一旦感受到身邊其他人的需求，我們往往傾向於創造對自己重要、對他人也重要的事物。

在「創造者循環」的過程中，謙遜促使我們調整自己所創造的事物，以提高對群體有利的可能性。

- 步驟一，**構思**。感覺到失敗。
- 步驟二，**實驗**。願意調整所創造的事物。
- 步驟三，**展示**。持續修正校訂，我們將同步增加所創造事物的價值，並感受到社會獎賞。

隨著網際網路的發展，蓋瑞特夢想能創造出一種大型多人線上角色扮演遊戲（MMORPG）。他向藝電高層提出這個構想，並在經歷《創世紀8》慘敗後，不斷爭取實現的機會。

但在缺乏成功前例的情況下，該如何證明這個構想的價值呢？當時有一種以文字進行的多人即時網路遊戲，稱為「泥巴」（MultiUser Dungeon，簡稱MUD），雖然早在一九七〇年代便已存在，最熱門的MUD遊戲也只有一萬五千名訂戶，人數遠低於藝電願意投資的規模。因《創世紀8》失敗而失去信譽的蓋瑞特，最終沒能成功說服任何人。他的直覺和天真沒幫上什麼忙，沒有人在乎這個全新領域，大家不願意用藝電的營收來讓他冒險。一年多來，他和搭檔隆恩（Starr Long）三次遊說藝電高層，希望他們支持《網路創世紀》（*Ultima Online*），但每次都被直接拒絕。

一九九五年，亞馬遜開啟嶄新的電子商務模式。蓋瑞特認為，假如書能在網路上銷售，遊戲或許也可以。他最終說服藝電高層讓他超支預算高達二十五萬美元，目標是研發出新的遊戲型態，證明線上遊戲市場規模遠高於一萬五千名使用者。

他帶領一群雜牌軍團隊研發出《網路創世紀》試用版。由於負擔不起遊戲測試員的費用，於是他想到一個主意。他們建立藝電有史以來的第一個網站，要《創世紀》粉絲每人寄五美元支票來購買試用版光碟，短期內就收到五萬名粉絲的支票。藝電這下子明白了，開始投入大量資源。為期一年的遊戲測試正式開始，《網路創世紀》解決無數的程式缺陷。

終於來到《網路創世紀》正式版上市的前一天，Origin宣布將在午夜十二點清除測試伺服器上的所有資料，隔天將是一個新的開始。蓋瑞特在遊戲中的化身，是一個名為「不列顛王」（Lord British）的英雄式無敵角色。在測試的最後一天，他巡視過自己的虛擬世界，然後準備向所有試用版玩家告別。此時是測試結束前五分鐘，意想不到的事情發生了。

這時不列顛王站在黑刺王城堡（Castle Blackthorne）前的城牆上，向一群試用版玩家發表演講。此時一個遊戲中名為Rainz的角色，他的職業是盜賊，在人群中偷到一個火焰力場卷軸，就朝著城牆扔去。無畏的不列顛王挺身迎向前。蓋瑞特的化身本應是無敵的，但團隊當時忙於完成測試，在更新時忘記為不列顛王貼上無敵的角色標籤。

不列顛王死了。

群情沸騰暴動，於是《網路創世紀》試用版最終以一場大規模屠殺作結。對遊戲產業而言，堪稱大型多人線上角色扮演遊戲（簡稱MMORPG）遊戲史上最令人難忘的事件。

《網路創世紀》試用版的成功，以及不列顛王的意外之死，宣告著虛擬世界就像真實世界一樣世事難料。在當時，完全沒人料到大規模的線上社交即將改變人類文明的運作。一九九七年，已有成千上萬的玩家在網路上玩《網路創世紀》，並開始出現令人訝異的社會行為模式。最終，這樣的行為模式成為日後全球數千萬用戶線上遊戲的最大特色。

在《網路創世紀》中，玩家可以在遊戲過程中累積黃金，然後購買土地和劍來獲得晉級。然而有些玩家並不是那麼有耐心，他們不想花太多時間，但又希望能在遊戲中獲得道具和晉級，享受遊戲帶來的愉悅體驗。於是新的經濟型態出現了，那些願意花時間累積黃金財富的人發現，他們可以在eBay等網站上以現金價出售虛擬黃金。中國頓時出現許多公司的員工每天上班都在玩《網路創世紀》，之後賣出遊戲中的黃金以賺取真實貨幣。

後來這些虛擬黃金挖礦公司發明專玩《網路創世紀》的人工智慧。人工智慧玩家為了囤積更多財富，開始殺死真正的玩家。毒販也開始利用《網路創世紀》洗錢。於是在虛擬世界中那些照規矩走的玩家，開始創建屬於自己的部落與社會，以防人工智慧玩家及其毒販的侵擾，而在這些部落社會中形成各種深層的人際關係，甚至締結婚姻。久而久之，《網路創世紀》的虛擬世界已愈來愈像創造它的那個真實世界。

《網路創世紀》上線七年後，出現《魔獸世界》（*World of Warcraft*）。大約與此同時，也迎來《第二人生》（*Second Life*）。在這接下來的二十年裡，電子遊戲產業成長快速，二〇一六年產值規模高達一千億美元，足足為整個電影產業的三倍。

從此，「玩遊戲」這件事創造出全新的意義。電子遊戲產業不僅代表當今世界上最大的娛樂產業，還是維繫人際關係網絡的基礎，而且值得一提的是，它同時也是二十一世紀的學習平台。為了學習而設計的多人線上遊戲不僅能引發學生的好奇心，更能在輕鬆無壓力的情境下進行個別化學習。線上學習平台容許學習者跨越國籍及種族等疆界，讓各方人馬進行對抗，從而促進專業技能的學習與交流。

蓋瑞特，一個得靠盧恩字母小抄騙過學校老師才能僥倖完成學業的孩子，最終卻成為線上學習平台的創造者。在蓋瑞特打造的學習環境中，每一位學習者都能重返人類最初充滿好奇心的世界，自然學會美學創造的各個維度（請見圖6）。

結束與蓋瑞特的談話後，我走出這位線上遊戲開拓者位在曼哈頓的別墅。這間房子可以說是通往漫長、崎嶇、絢爛創意旅程的聖殿。這趟旅程是受過去累積而成的直覺所引導，抱持勇敢迎向未來的天真，並以謙遜的態度面對瞬息萬變的變化，最終度過漫長的實驗階段，成就真正重要的事物。

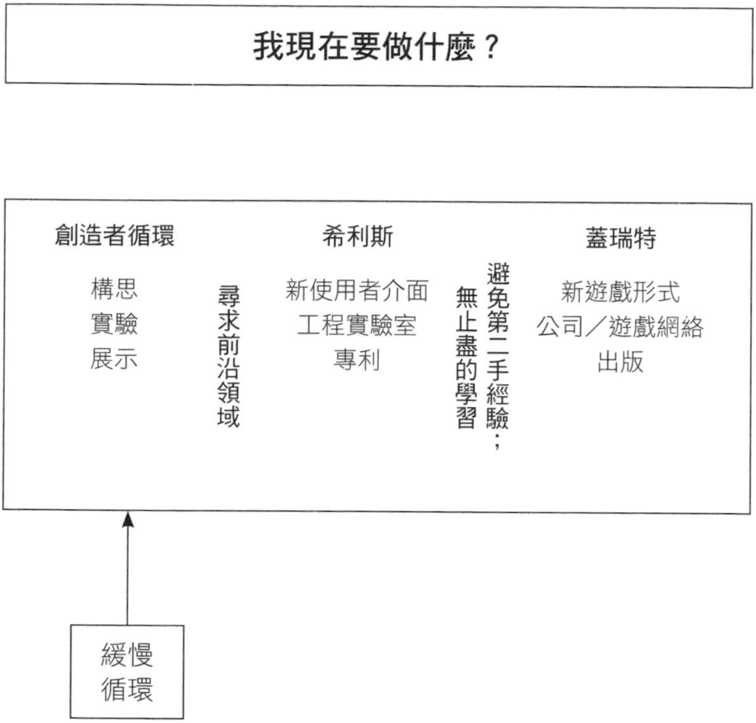

圖6：在創造重要事物的第二階段中，往往最曠日廢時且最具挑戰性。這時「創造者循環」的反覆時間較為緩慢。若想在創新領域持久生存，直覺以及擇善固執的天真不可或缺。保有直覺與天真，能讓先驅創造者們即使承受著高度風險的壓力，仍能保持專注與熱情。當環境發生變化，謙遜則能幫助他們擺脱過去的舊經驗，立即開始重新學習、適應全新的環境挑戰。

集體即興創作文化

希利斯及蓋瑞特的美學創造方式，和阿德里亞及蘭格沒什麼不同。他們的作品體現出「創造者循環」的第二個階段，亦即在構思與展示之間經歷漫長的實驗過程。當耗費大量時間卻看不到成功的盡頭，許多人就此感到灰心喪志。這時創造者需要設法弄清楚目前所沉浸的創新領域，盡量避免依賴二手經驗，並展開無止盡的學習。他們會鍛鍊並強化能幫助他們忍受現況的三個美學創造維度：直覺、天真、謙遜，進而終於有所發現。

創造者往往也是即興發揮者，就像我們所有人一樣。事實上，在數位創造帶來的諸多結果之中，即興創作或幕後實驗正日益成為表演的關鍵。創作者和觀眾之間的傳統界線已然消失，正如同「不列顛王」之死一般。

無論是古典芭蕾、歌劇和舞台劇，傳統表演藝術的市場正在快速流失；而那些新穎的、原創的、毫無劇本的文化形式，諸如電視真人實境秀、即興說唱和社群網站，在觀眾的積極參與下反而蓬勃發展。現在的觀眾不僅比以往更善於和創造者進行對話，他們甚至常常會轉而成為對話的掌控者。於是網路上的使用者原創內容（User-generated content，簡稱UGC）無論是質與量都呈現猛爆式的增長。

正如希爾斯（Paul Sills）常說的，劇場或許已死，但即興表演卻展現出無比活力。希爾斯是芝加哥第二城劇團（Second City）的首任導演，這個著名的即興劇團孕育出許多喜劇泰斗創造出許多膾炙人口的喜劇節目，諸如《週六夜現場》（*Saturday Night Live*）和《荷伯報告》（*The Colbert Report*）等。

希爾斯的母親史堡琳（Viola Spolin）有「即興劇之母」之稱，她在二十世紀上半葉創立美國即興劇場，她那句經典名言「我們拜經驗為師，從體驗中學習」被許多劇場人奉為圭臬。史堡琳在創立第二城劇團後，出版一本經典之作《劇場遊戲指導手冊》（*Improvisation for the Theater*），她在書中寫道：「沒有人能夠教我們任何東西。」史堡琳認為，戲劇是一種融合聰明才智、身體語言及敏銳直覺的綜合體驗，在以上三種要素之中又以直覺最為重要。

當我們共同即興創作時，創意的生成就像是在打一場籃球賽，所謂的創意就是場中傳遞的那顆籃球。在這球場上，沒有誰是明星球員，每位球員都同樣重要，觀眾與球員也不分彼此，所有觀眾都下場參與其中。在即興創作中，熱情、同理心、直覺、天真和謙遜都扮演著核心角色。因此我們可以將「即興表演」視為一種隱喻，象徵著美學創造過程中，參與者彼此共同協作的完美體驗。

第五章

展示：專注在溝通與對話

妮可拉（Irene Nicolae）是我「如何創造重要事物」課堂上的一名學生，她想發明一種能幫助改善人們免疫系統的飲料。乍聽之下，她的想法似乎了無新意，畢竟目前市場上各種訴求提升免疫力的商業產品不斷推陳出新，而家庭食療從傳統的香草、薑黃到新興的原始人飲食法（The paleolithic diet）更是不勝枚舉。

然而，妮可拉卻從近來蓬勃發展的分子細胞生物學中看到契機。根據二〇一二年發布的美國「人類微生物組計畫」（Human Microbiome Project）第一階段研究結果，人體中的微生物組對免疫系統運作有著關鍵性的影響。各式各樣的微生物生活在我們的口腔、腸道、皮膚、鼻腔之中。打出生那一刻起，就定居在我們細胞壁或皮上組織外的微生物，比人體內所有細胞總和還要更多。

妮可拉根據最近的研究發現得知，現代食品中使用的抗生素和各種化學添加物會損害並減少人體腸道微生物群，導致肥胖、哮喘、過敏及自體免疫疾病的發生率上升。研究也表明，添加益生菌菌株的食物（例如優格）可以增加體內有助代謝的菌種數量。但科學家也注意到，市售益生菌相關食品中活菌的存活率過低，遠低於產生明顯效果所需的水準。

妮可拉敏銳的注意到一個尚未獲得市場滿足的醫療保健食品商機。她打算研發出一種奶昔，不僅新鮮美味，還可以補充人體所需的益生菌，尤其是那些已被證實有助減緩肥胖、克隆氏症（Crohn's disease）以及自體免疫疾病的菌種。人們愈早開始飲用這項產品，體內微生物群就能愈快得到恢復，也就愈能預防免疫相關疾病的侵襲。在大量研究報告的支持下，妮可拉自信的表示，只要能夠讓奶昔中保有夠多活菌，並讓人們養成每天食用的習慣，她就可以創辦一家有益於人類健康的公司。

她立即上網訂購菌株，並與哈佛大學工程與應用科學學院的學習實驗室合作。學期才過一半，就已經成功培育益生菌，並研發出水果、天然代糖、冰淇淋、牛奶等各種口味的奶昔。接下來，她在實驗室中確認活菌比率後，便邀請朋友試吃一段時間，並詢問他們使用後的看法。然而結果卻發現，其中只有一對夫妻每週都確實喝奶昔。其他多數人一開始很感興趣，但很快又回歸原本的飲食習慣。換句話說，妮可拉的想法很酷，也許有一天真的能夠幫助大家過得更健康，但他的朋友卻還是喜歡原本的飲食方式。

妮可拉的想法聽起來明明還不賴，不用上醫院就能改善健康，而且還有科學研究掛保證，應該能夠創造出龐大商機吧！究竟是哪裡出了問題？答案很簡單：如果人們不喜歡她的奶昔味道和整體所帶來的體驗，那麼什麼改變也不會發生。相較之下，奶昔裡有多少活菌根本不是重點，重點是她得做出人們真正想要的東西。

所以眼前真正關鍵的問題是：如何才能讓人們覺得你提供的產品是他們真正想要的？妮可拉該如何達成這個目標？

學期末，我邀請妮可拉和她的同學雪莉（她的創意點子也與改變消費者行為有關）去哈佛廣場看一場特別的戲劇演出，名為《驢秀》（*The Donkey Show*）。陪同我們的是美國劇目劇團（American Repertory Theater）執行製作人伯格（Diane

Borger）。伯格來自英國，她過去的代表作是與英國暈眩劇團（Punchdrunk）合作的《不眠之夜》（*Sleep No More*），該劇的故事情節源自莎士比亞名著《馬克白》（*Macbeth*）。表演場地是由廢棄倉庫改建，透過沉浸式劇場（Immersive Theater）的設計，讓觀眾在整個開放式的表演空間中自行探索、與演員互動，換言之，觀眾即是演出的一部分。《不眠之夜》最早在英國倫敦開演，登陸美國曼哈頓也引起巨大迴響，為日後在美國和歐洲巡迴演出近二十年的《驢秀》奠定良好基礎。

《驢秀》將莎士比亞的《仲夏夜之夢》改編成一九七〇年代的迪斯可舞曲風格，在戲劇中結合人們喜愛的歌曲，並運用舞蹈來打破與觀眾之間的隔閡。這部作品成功的透過容易引起共鳴的當代語彙，向觀眾展示莎士比亞的經典故事，帶領現代人一同領略伊麗莎白時代的古典之美。

這不正是妮可拉想做的事嗎？如果伊麗莎白時代的劇本也能成功刷新劇院票房紀錄，扭轉觀眾對於經典作品的距離感及刻版印象，引發觀眾如此廣大的迴響，為何益生菌奶昔不行？

我們一到現場，伯格立即穿越擁擠的人群迎了過來。此時劇場中音樂響起，她對我們說：「看看你們能否察覺這齣戲何時開始。」我想這應該很容易，畢竟我們就坐在可以俯瞰人群、視野極佳的座位上，全場沒什麼能逃過我們的法眼。

伴隨著音樂，飾演精靈的演員們抓著扶手翻越欄杆，而穿著清涼的肌肉男們似乎準備做些什麼。這時我突然發現精靈皇后就站在那裡，看起來她已經出場一段時間。顯然在我沒注意到的時候，這齣戲已然開始。中場休息時我去了趟洗手間，途中與更換另一套戲服的精靈皇后擦身而過。演出無所不在。下半場的表演依然精彩，妮可拉和雪莉還一度與精靈國王共舞。

如果你希望讓人們去做超出他所預期的事，而且不但樂在其中，甚至願意改變原本的生活，這意謂著你得先關注他人關心的事物，並給予他們超乎想像的東西。這是一場創意者發起的丟球遊戲，創造物就在創造者與他人來回拋接的過程中逐漸形成，就像劇場中的即興創作那樣。這也是威爾斯（Orson Welles）[1]將莎士比亞帶入電影、漢考克[2]將莎士比亞（Herbie Hancock）帶入爵士，以及桑坦（Steven

[1] 編註：美國著名導演，將莎士比亞的劇本改編為電影，如《奧賽羅》（*Othello*）、《馬克白》（*Macbeth*）等。

Sondheim）[3]將莎士比亞帶入音樂劇的元素。

接下來，我們要談創造重要事物的最後兩個維度。透過兩位頂尖藝術家和設計師的故事，說明創造者具備的美學智能與對創造的執著，如何深深影響與促進現代創造活動的發展。

我們之所以願意進行美學創造，致力於各式各樣的開拓性創新行動，完全是出於個人內在的動機。在大腦獎勵系統激勵之下，創造活動將不斷提升思維與感受的敏銳度，使我們更善於創造，也更樂於創造。

重新想像戲劇：行動中的美學智能

鮑魯斯（Diane Paulus）是美國劇目劇團藝術總監，也是《髮》（*Hair*）、《波吉與貝斯》（*Porgy and Bess*）以及《不平正傳》（*Pippin*）等榮獲東尼獎的百老匯名劇的推手，更是開創當代戲劇形式的先鋒，讓戲劇得以在百老匯與天文館、迪斯可舞廳與大街小巷之間切換自如。她的創作有一種特殊的力量，讓我們齊聚在劇場或歌劇院中，共同反思那些阻隔人們、使我們彼此距離遙遠的事物，例如偏見與權力的濫用。

鮑魯斯擁有一頭秀麗的長髮以及引人注目的臉龐，一對綠色的眼珠像是在邀請你告訴她什麼，彷彿已經看透你心中有重要的事想說，而她，正在那兒等你釐清該怎麼把事情說清楚。

用藝術改變世界

鮑魯斯的母親是日本人，父親是美國人，她在紐約市長大，距離林肯中心只有四個街區。從小身處美國的都會區中心，鮑魯斯的思想主軸始終圍繞著改進美國生活體驗打轉。她一度想從政競選紐約市長，最後還是決定做自己真正熱愛的事：打造嶄新的戲劇形式，但同樣是致力於用自己所創造的一切來回饋社會。鮑魯斯現在

❷ 編註：美國著名的爵士鋼琴家與作曲家。

❸ 編註：美國著名音樂劇作曲家與劇作家，有音樂劇界的莎士比亞稱號，改編自《羅密歐與茱麗葉》的音樂劇《西城故事》（*West Side Story*）就是由他作詞的。

是兩個孩子的母親，在曼哈頓過著忙碌的生活，她除了負責帶領位在哈佛大學的大型地區劇院，還同步進行著百老匯的演出。在鮑魯斯的言談間，能夠深深感受到她的熱情、率直與高效率。

當她還是個小女孩時，曾與芭蕾舞之父巴蘭欽（George Balanchine）、知名舞星巴瑞辛尼可夫（Mikhail Baryshnikov）共舞，當時她的姊姊在自家公寓中彈奏豎琴，而她父親為紐約一家WCBS廣播電台播放藝術節目。後來鮑魯斯漸漸長大，她發現在一九七〇年代末和八〇年代初的紐約深富藝術能量，但是人們觸目所及的卻是骯髒又危險的街道。鮑魯斯想扭轉這種藝術無法普及的情況，隨著她不斷思索著各種改變現況的可能方案，也逐漸在心中消退競選市長的想法。

一九八〇年代中期，鮑魯斯進入哈佛大學就讀，並在這個時期確定以表演藝術為一生的職志。在哈佛求學的這段時光，大多時間鮑魯斯都與韋納（Randy Weiner）待在一起，他們以前就在紐約相識，後來雙雙進入哈佛。韋納是個機智又聰明的高材生，從小喜歡運動，打算成為一名神經外科醫生。兩人雖然有著截然不同的個性與興趣，彼此卻深深吸引，經常互相討論對於未來的夢想，並於一九九五年結婚。

在美國劇目劇團的晚宴上，韋納告訴我：「我倆大多在一天結束時見面，這時鮑魯斯經常剛閱讀完一些文章、剛看完一場演出，或是剛在校園內完成一場新的演出，她總是看起來非常興奮。豐富的經歷為她帶來強大能量，而我每天的生活都一樣是生物化學。我覺得自己蠢斃了，她是快樂的，但我不是。」

搖滾的莎士比亞

鮑魯斯從哈佛大學畢業時，決定從事戲劇工作，韋納也全力支持她的決定。鮑魯斯最初想成為一名活躍又充滿魅力的舞台劇演員，就像法國的伯恩哈特（Sarah Bernhardt）或美國的卓別林（Charlie Chaplin）。然而到了一九八八年，劇場觀眾已經大量流失，無論百老匯多麼努力試圖提振票房，但看戲的觀眾就是不如預期。一九三〇年，約有六五%的美國人每週會去劇場看戲；但一九八八年時只剩下九%。人們上劇場的頻率大幅減少，在現代科技帶來諸多便利之下，人們擁有的媒體選擇與欣賞管道也變得日益多元。

這對劇場和紐約市來說都不是好消息，特別是當時紐約市的謀殺案件數量履創新高。即便如此，鮑魯斯還是選擇回到劇場。幸運的是，當時第二城劇團創始人希爾斯與尼可斯（Mike Nichols）正創辦新演員工作坊（New Actors Workshop）。鮑魯斯參加面試，順利進入工作坊接受培訓。

「我們玩了許多劇場遊戲，」鮑魯斯回憶起工作坊對自己的影響，當時他們融入史堡琳的即興劇場精神，重視贏得和維持觀眾的信任，並創造一種表達性實驗和學習的共同體驗。兩年後，鮑魯斯在外百老匯的珍珠戲院展開她的演藝生涯。然而當經紀人要求她把頭髮燙捲，才不會像個越南酒吧女服務生時，她心中感到滿滿的沮喪。鮑魯斯熱愛戲劇，擁有高度的表演天賦，她希望在舞台上自由自在的發揮所長，也希望與同台的演員都能享受這份自由，因為在她看來，演員應該與觀眾進行最真實的對話。

鮑魯斯打了幾通電話給朋友，對他們說：「我們來創立一個劇團吧！」於是幾個志同道合的朋友，開始在紐約上西區的社區空地表演起格林童話歌舞劇。鮑魯斯說：「我想把劇場從傳統空間釋放出來、搬到大街上，帶進一個人人都看得到、享受得到的開放社區中。」

之後，鮑魯斯向希爾斯請教如何才能成為一名專業的劇場導演。希爾斯過去曾在威斯康辛州多爾郡（Door County）的一個農場舉辦劇場遊戲工作坊，他建議鮑魯斯可以去那裡看看。多爾郡是位於密西根湖上游的一個美麗半島，也是頗受歡迎的避暑勝地。在希爾斯的鼓勵下，一九九一年冬天，鮑魯斯飛到該地與當地商家碰面開會，提議為多爾郡的社區創立劇院。

一九九二年夏天，鮑魯斯與朋友們運用已募集到的三萬美元，正式創辦藍圈劇院（Blue Circle Theater）。隔年，鮑魯斯與她的新劇團「計畫四百」（Project 400）在劇院裡演出第一個搖滾版本的莎翁名劇《暴風雨》（*The Tempest*），名為《普洛斯彼羅的復仇》（*Prospero's Revenge*）。這齣由韋納編導的戲劇，問世方式令人出乎意料。假如鮑魯斯人在紐約，她大概會找熟識的演員和音樂家合作，為街坊鄰居打造一齣精采的音樂劇，但在威斯康辛州這個鄉下地方，她根本不知道該從何開始著手。

有天晚上，當韋納和鮑魯斯坐在當地一家酒吧，聽著多爾郡一個很受歡迎、名為「大嘴巴樂團」的演奏時，鮑魯斯腦中突然有個想法。在現場演奏的中間休息時間，她走到首席吉他手暨創作歌手惠特尼（Jay Whitney）面前，表示她和韋納想要共同創造一齣全新的音樂劇，或許惠特尼和他的樂團有興趣為這齣劇撰寫歌詞並負責音樂創作。惠特尼很感興趣，並表示會與他的樂團討論。

然而當鮑魯斯和韋納再和惠特尼聯繫時，卻得到令人沮喪的回覆。樂團成員確實有高度意願，但實在找不出時間。他們的孩子還小，家人需要他們更多時間陪伴。鮑魯斯不死心的問道：「這些孩子是否已經到可以表演的年紀？」

她向惠特尼提議，或許音樂劇可以改成兒童版的《普洛斯彼羅的復仇》，排練時間就安排在樂團在酒吧表演前的空檔，如此一來，樂團成員就不需要因抽空排練而犧牲寶貴的家庭時光。鮑魯斯的創意發想最終贏得樂團成員家人們的支持，音樂劇計畫就此順利展開。

鮑魯斯傾聽心底的真實聲音，勇敢跨出全新嘗試的第一步。那年夏天，《普洛斯彼羅的復仇》首演相當成功，「搖滾音樂劇」不僅成為當地居民熱議的話題，劇中歌曲變成人人傳唱的熱門歌曲。等到它正式上演時，來自各地的大批觀眾蜂擁而入，一票難求。這齣劇不僅吸引眾多原本的劇場愛好者，更帶來新一批從未進過劇場的觀眾。鮑魯斯成功賦予這齣經典莎翁名劇新生命，用一種嶄新、具開創性的形式，重新塑造出一個耳熟能詳的故事。

語言與美學智能

美學智能是創造重要事物的第六個維度，也是辨別與詮釋美學語言的能力，並以此傳達能打夠打動人心的新想法。在許多政治人物身上，可以看見他們十分精於此道，無論是以政治詞彙來影響人民本能的政治判斷，或者是運用「自由」、「狂熱主義」或「虛假」等策略性詞彙把選民分化為左右兩派，其中都不乏美學智能的運用。

「諷刺」能夠完美呈現何謂美學智能。我的孩子們在巴黎長大，紀律、秩序和階級制度，往往是他們每天主要的社會和教育經驗。在學校，他們會尊稱老師「您」（vous），就如同他們在家看到我的朋友時，會伸出一隻手（或踮腳尖親吻）打招呼，說「日安，先生」或「日安，夫人」一樣。我的孩子總以諷刺來自我寬慰。諷刺有助於他們放鬆並進行批判思考，藉此真實表達內心想法，同時隱含著一種青少年之間才懂的默契。

後來我們搬到美國，他們又進入一個截然不同的社會環境。在美國，學生會直呼老師名諱，並且能自由攜帶手機進出教室（在巴黎，學校禁止學生使用個人電子用品）。搬到美國幾個月後的一天晚上，我的小兒子西耶瑞（Thierry）跑來跟我說：「朋友聽到我的笑話都不會笑。在巴黎我是個幽默風趣的人，可是在這裡，同學們只會直盯著我瞧。」在我兒子的新學校，幽默較少與諷刺有關，而當同學覺得好笑的梗出現時，大多卻是他還不甚了解的美國文化。

迪安（Mark Dion）的當代藝術作品《南佛羅里達野生動物救援隊》（*South Florida Wildlife Rescue Unit*）以類似諷刺的方式展現美學智能。迪安的黃色巴士裝置描繪出一個虛構的「救援小隊」，其設計的目的旨在進入佛羅里達大沼澤地（Everglades），拯救深受人類文明威脅的野生動物。他的作品某種程度上諷刺那些使生物多樣性下降的政策制定者。這項作品原本是二〇〇六年為了邁阿密的藝術圈而創作，後來在二〇一七年秋季，迪安在波士頓當代美術館舉辦第一次回顧展，這件作品也是其中之一。當迪安帶著他在哥倫比亞大學的學生參觀展覽（我和我的小兒子也在其中），後來在他的作品黃色巴士前停了下來。這部巴士看似一輛餐車，窗戶是開放式的，上頭陳列著各式瓶瓶罐罐、籠子及舊書。他說：「當代藝術的觀賞者曾經屬於小眾，對那一小群見多識廣的觀眾而言，我們之間有種普遍的文化共識，他們能了解我在諷刺的點在哪裡。然而後來隨著觀眾群的擴大，新的觀眾多半再也無法理解其中的訊息。」

當生活的環境開始產生變化時，我們能藉由美學智能加以適應。在一個靜止不變的世界裡，即便所有東西原先也是從無到有創造出來的，但總歸而言還是了無新意。在一個未曾改變的世界中進行創造，只是延長了原本早已存在東西的壽命，創造出來的東西或許在功能上會有所改善，或者看起來比之前稍微好一點（就如同iPhone X和iPhone 8之別），然而卻無法在根本上改變我們的心智與生活。這時創造者的價值主要展現在理解過去打造成功事物的模式，知道如何讓它運作得更好，以及知道如何有效的行銷。

在一個瞬息萬變、富有開創精神的世界裡，創造者的價值則在於聆聽及觀看，善於觀察新的條件，並知道如何表達自己第一手的發現。在快速變遷的世界中，創造者們已經找到屬於自己的美學語言，能使自己不僅去探索可以做些什麼，而且還會產生嶄新的創造。

先驅創造者或許會發想出一個新的環境政策、新的建築形式，或是一首原創性的詩。在與他人分享之前，他不會知道自己做的這件事對他人是否重要。當他分享自己的新想法時，在新奇與陌生的感受影響下，往往會讓人覺得無趣、毫無用處、令人分心。但如果他能善用美學智能予以表達，便能開啟與觀眾之間的對話，他的創作物將因此被人注意、消費且廣為評論。從審美角度而言，創作物令人愉悅且激發興趣，而這種興趣帶來更近距離的觀察，最終為創造者帶來原本所沒有的洞察力。畢竟，我們很難忽視迷人的事物。

終其一生，我們的大腦逐漸型塑審美判斷能力。其中有些是與生俱來的能力，比方感覺孤立（就像是我們看到一個人形單影隻站在橋上）、由各種感官聯繫而成的組合（例如我們把瑞士起司與新鮮葡萄的味道結合起來），或是內在固有的特性（例如對稱性與對比度）。然而，更普遍的情況是：真正吸引我們注意的，往往是語境。

針對視覺、嗅覺、味覺和聽覺的大腦成像科學研究證明，我們對美的判斷是由大腦在特定地點、時間和生物條件下感覺正或負價值（內在吸引力）決定。無論是看到布拉克（Georges Braque）的一幅畫，或是聞到或吃到熱呼呼的奶油軟糖聖代的味道，對美的感知都會刺激大腦中類似區域。

創造自己的美學語言

鮑魯斯在威斯康辛州度過五個夏天，藉此磨鍊自己的美學詞彙，這是「創造者循環」的第一步（步驟一）。鮑魯斯的表現如此亮眼，最終使得多爾郡社區的藝術贊助者想改造一間舊奶酪工廠，讓她擁有一間永久的劇院。但此時的鮑魯斯仍未準備好。她雖然用威斯康辛州的語彙改編世界傑出劇作家的表達語言，但她尚未創造出自己的表演語彙（步驟二）。

她申請進入哥倫比亞大學的戲劇課程，師學美國前衛劇場導演博格特（Anne Bogart）和劇場大師瑟班（Andrei Serban）。博格特是美國劇場中堅分子，她與鈴木忠志共同創立薩拉托加國際戲劇協會（Saratoga International theater Institute，簡稱SITI）。鈴木忠志是鈴木演員訓練方法（Suzuki Method of Actor Training）的創始人。博格特同時擔任該協會的藝術總監，傳授一種著名的即興演奏樂團構建技巧，這種技巧充分融合編舞家奧維莉（Mary Overlie）的觀點表演訓練（Six Viewpoints of performance）和鈴木演員訓練方法。一九九四年秋天，鮑魯斯就讀哥倫比亞大學，博格特成為她繼希爾斯之後第二位導師。

博格特藉由即興遊戲、戲劇練習，以及沉浸於鈴木教學法的當代戲劇，幫助鮑魯斯建立一種強調身體表達的美學語言，而這也正是鮑魯斯從小就深受吸引的語言形式。羅馬尼亞劇場導演瑟班則是哥倫比亞大學另一位影響鮑魯斯的大師。瑟班在戰後的羅馬尼亞成長，其大膽的《凱薩大帝》（*Julius Caesar*）版本為他招致罵名。在這部戲劇中，觀眾坐在橋下，以慢動作鏡頭眼睜睜看著凱薩被殺死。對於想要忘記戰後所帶來的傷痛的羅馬尼亞觀眾，這類視覺經驗無啻是種驚嚇折磨。然而這正是鮑魯斯亟欲在劇場中所獲得的體驗。

從哥大畢業後，鮑魯斯與韋納（這時他們已經結婚）開始製作一部新劇：現代版的《仲夏夜之夢》。鮑魯斯和韋納努力講述一個他們認為在當代觀眾中經常被忽略的故事情節：泰坦妮雅（Titania）與驢子相愛；她失去理智、陷入一種不自然的群眾激情之中。鮑魯斯想起「五四俱樂部」（Studio 54）。這是紐約傳奇性的迪斯可俱樂部，是麥可傑克森、安迪沃荷（Andy Warhol）、伊麗莎白泰勒（Elizabeth Taylor）和米克傑格（Mick Jagger）等那個時代的巨星聚集地，縱使在關閉二十年後，仍是一個為人津津樂道的紐約記憶。

後來，鮑魯斯和韋納做了一個決定，他們想要將莎士比亞的戲劇從雅典的森林移植到紐約的迪斯可舞廳，精靈王奧伯倫搖身變成夜總會經理。他們運用著名的迪斯可舞曲來傳達群眾的激情，也正是這種激情促使泰坦妮雅做出令人難以想像的事。韋納研究一九七〇年代末期、陪伴他們這一代長大的歌曲，諸如「洗車」（Car Wash）、「我們一家人」（We Are Family）、「你的性感」（You Sexy Thing），以及「我愛夜生活」（I Love the Nightlife）。他認為這些歌曲的歌詞能完美呈現該劇作。沒有任何地方需要改變。鮑魯斯為該劇仙女們穿上暴露、閃閃發光的迪斯可復古服裝。這場演出在紐約城下東區一家名為「鋼琴店」（Piano Store）的店面揭開序幕（步驟三）。

《驢秀》於一九九九年八月十八日在紐約雀兒喜區（Chelsea）的火烈鳥俱樂

部（Club El Flamingo）進行首演，為期短短六週。二〇〇二年十一月，在一千場演出之後，百老匯《劇目》（*Playbill*）雜誌慶賀其成為一種文化現象。多年來，每一場《驢秀》演出票房總是全數售罄。觀眾欣賞該劇不僅是因為能隨著迪斯可音樂翩翩起舞，也能享受穿著輪式溜冰鞋的魔藥精靈帕克（Puck）全場飛舞；拉山德（Lysander）隨竿而上、俯身轉向群眾；迪米特立斯（Dimitri）跳到觀眾席開始跳舞；奧伯倫打扮成上了年紀的安迪沃荷，怒氣沖沖的步入夜店，予人一種迫在眉睫的危機感。與此同時，看似強大的迪斯可女狂人仙后泰坦妮雅則輾轉飛舞於一位又一位精靈的懷裡。在一九七〇年代迪斯可音樂的重擊下，整整一個小時盡是令人眼花撩亂的動作。多年後，我和我的學生妮可拉、雪莉，以及一大群興奮的觀眾一同體驗這齣傑作，任由原創性的戲劇張力牽引我們的情緒。「這齣戲是打破戲劇界線的一次成功嘗試！」二〇〇二年一月，布朗（Lenora Inez Brown）於《美國劇院》（*American Theatre*）如此寫道。

《驢秀》連續演出六年之久，巡演版圖橫跨整個歐洲。二〇〇九年，這部劇作到美國麻州劍橋市巡迴演出，當時鮑魯斯被任命為美國劇目劇團藝術總監。近年鮑魯斯則是執導東尼獎獲獎影片《髮》四十週年重演，將這部一九六八年百老匯熱門搖滾音樂劇重新搬到舞台上，重溫嬉皮反主流文化運動。鮑魯斯的《髮》和《驢秀》皆使用相同的美學語言。「這部重演的《髮》似乎比以往任何版本都更為大膽，」《時代》雜誌一位評論家如此寫道。

《驢秀》在劍橋的表現依舊亮眼，每場演出的票銷售一空。從二〇〇九年到二〇一七年我們前往看戲期間，《驢秀》固定於每週六晚上準時開演，被形容可媲美於《捕鼠器》（*The Mousetrap*）或《歌劇魅影》（*The Phantom of the Opera*）。《捕鼠器》是一部舞台偵探劇，也是倫敦最為長青的戲劇，首演至今已上演六十五年；而《歌劇魅影》則已上演達三十年之久。

破壞式創新

《驢秀》這齣劇以嶄新的方式重新詮釋莎翁的《仲夏夜之夢》。它並非忠實於戲劇的原始內容，而是融入當代的精神，讓新世代的觀眾覺得更容易親近經典之作。從這個角度來看，這就像是哈佛商學院教授克里斯汀生（Clay Christensen）在其經典著作《創新的兩難》（*The Innovator's Dilemma*）中所稱的「破壞性創新」。

克里斯汀生以計算機為例。當口袋型計算機問世時，例如辛克萊劍橋（Sinclair Cambridge），僅能執行簡單的計算及儲存有限的數據。相較於當時市場主流的桌上型計算機（如佳能和德州儀器公司擁有數百個電晶體的產品），口袋型計算機運作速度緩慢，而且對涉及超越函數（transcendental functions）的計算多半不準確。

然而，口袋型計算機卻顛覆了計算機市場。因為儘管效率不如現有產品好，但它在提供基本計算功能的同時，也滿足當代人們對於便利性和可負擔性的需求。克里斯汀生認為，「破壞性創新」者能攫取新需求，發現有哪些事物能迎合目前需求並開創未來。

鮑魯斯為戲劇市場所帶來的活水泉源，正是這種「破壞性創新」。她的作品為當代文化帶來深遠的影響，從嘻哈到饒舌再到當代藝術。而當代藝術作品《雨屋》（*Rain Room*）也是「破壞性創新」的其中一個例子，創作者是由三位藝術家組成的蘭登國際（Random International）。

二〇一二年，《雨屋》在倫敦巴比肯藝術中心（Barbican）首次正式對外開放。

它是一個半圓形走廊，裡頭下著傾盆大雨。當遊客走過時，身體四周的落雨便會停止。因此無論是在其中漫步或快跑向前，你都能保持身體的乾燥，一點也不會被淋溼。展覽一開始，遊客便排起長長人龍等待入場。很快的，很多人在雨屋中做著平日意想不到的事。他們在其中跳舞、奔跑，甚至求婚。《雨屋》似乎成為一件偽裝成當代藝術作品的水滴即興劇場。

策展人奧布里斯特（Hans Ulrich Obrist）帶著滿滿的好奇心，邀請蘭登國際的三位創始藝術家在倫敦的蛇形畫廊（Serpentine Gallery）發表演說，談談《雨屋》這件藝術品究竟代表什麼意思？過去從未有過這樣的作品。雖然英國過去也有像赫斯特（Damien Hirst）的《生者對死者無動於衷》（*The Physical Impossibility of Death in the Mind of Someone Living*）等能引發群眾想像力的佳作，但《生者對死者無動於衷》那條浸泡在甲醛中的腐爛鯊魚究竟還是靜態物品；相較之下，《雨屋》則是海市蜃樓般轉瞬即逝的純粹體驗，它既是自然，又是人為的創造。它屬於我們這個時代。

二〇一三年，《雨屋》在紐約現代藝術博物館（MoMA）開幕時，門外排隊等候入場的人龍比倫敦還要長。人們願意等候二十四個小時，只為了進入雨屋走那麼一遭。當時觀展人們紛紛在推特和Instagram上打卡，成為各種眼花撩亂入場證明，接著在上海展出時也發生相同現象。然後是洛杉磯郡立美術館（Los Angeles County Museum of Art），當地已經歷經數年乾旱，當看到許多從未見過雨的嬰孩，或是當孩子嬌小的身軀在雨點間快速穿梭、試圖讓自己被雨淋溼，人們感動得哭了。

評論家說《雨屋》是一場奇觀，它既是娛樂，也是齣鬧劇。與此同時，已有超過一百萬人次、一個接著一個穿過《雨屋》。

《雨屋》的誕生，與鮑魯斯製作《驢秀》時具「破壞性創新」的構想非常類似。時值二〇〇八年，來自德國與英國的三位年輕人，分別是科赫（Hannes Koch）、奧特克拉斯（Florian Ortkrass），以及伍德（Stuart Wood）共同創立一家成功的工業設計公司。自從他們在倫敦近郊靠近希斯羅機場的布魯內爾大學（Brunel University）認識以來，他們就一直在為未來的職涯做準備。在就學過程中，他們已經形成一種結合工程的嚴謹性與設計的精確性的美學詞彙。之後，在倫敦的皇家藝術學院，他們發展出自己的表達能力，同時養成參加藝術展的習慣，無論是在邁阿密或西班牙的瓦倫西亞，他們都樂於前往展示他們的裝置。這些裝置技術性十足，出發點主要是為了好玩，例如只用一個油漆滾筒，就可以畫出一張名人墨水畫，看起來真的就像約翰藍儂（John Lennon）的臉一樣。

科赫身材高大、自信滿滿，有著邊說話邊思考的本事。奧特克拉斯則較為內斂，機智又聰明靈活，說話時饒富智慧及巧妙之音，他會讓科赫先暢所欲言，然後適時加入自己所要分享的觀點，於是讓整件事有了全新的視角。伍德則是一名技術奇才，也是一位運用工程使人產生絕妙感受的藝術家，更是一位認真嚴肅的工匠，他對於型塑新想法時勢必會面臨的混亂，不像科赫和奧特克拉那般有耐心，後來他轉而進入蘋果公司擔任設計工作。

在創立公司的頭幾年，他們並不認為自己是藝術家。這間新公司具備技術專業，常為英國廣播公司（ＢＢＣ）之類的大企業提供優異服務。他們三人很早就決定為這間公司取名為「蘭登」（Random），因為德文中並不存在「random」這個詞彙，在他們看來，取名為「random」無疑是種解放。他們從不確定自己的公司最後變成什麼樣子，因此這個名字某種程度上也在避免過早定型。二〇〇八年，他們贏得一項委託案，任務是為ＢＢＣ製造出一台房間般大小的巨型印表機，讓觀眾親眼看到墨水像雨滴般飛落到印刷品表面，使印刷過程具象化。他們在工作室成功打造出的這台印表機，同時在邁阿密海灘展會（Art Basel）上展出一件名為《觀眾》（*Audience*）的新作。

《觀眾》的產生，源於英國編舞家麥格雷戈（Wayne McGregor）的委託案。麥格雷戈曾於皇家藝術學院看過他們的油彩滾筒作品，認為他們或許能創作出一些東西來為他的舞群伴舞。三位蘭登國際創辦人於是製作出一些面帶反射鏡的小機器人，當你經過時，這些機器人的反射鏡全會指向著你，就像城市公園裡的鴿子一樣蜂擁而上。《觀眾》最終和麥格雷戈的舞群一同在倫敦演出，也在邁阿密海灘展會展出，並由木工車間畫廊（Carpenters Workshop Gallery）策展。當時沒人指望這件作品會大賣。

展覽第一天早上，科赫、奧特克拉斯和伍德決定去散步走走。到了中午當他們回來時，《觀眾》已賣出兩套。「你們大可以從事這一行，」藝術策展人科克瓦斯（Natalie Kovacs）打趣說道。

漢斯持懷疑態度。高昂的技術製作成本，實在不夠支付三位藝術家的薪水。他們確實對於能賣出作品感到高興，聽到科克瓦斯的恭維也很令人開心，但他們仍然認為為大企業設計裝置才能真正獲利。因此，回到工作室後，他們繼續打造巨型印表機，想辦法將水從天花板噴射到地表，而當每一滴水落在地面上時，地面顏色都會立即發生變化。他們原先是想這麼做的，然而有天當他們看著這個笨拙奇怪的裝置，坦承這並非上乘之作。為了做出這個東西，他們投注太多心血，實在不值得。他們開始設想該如何挽救作品。

奧特克拉斯最先有想法。「我們應該讓人們走過這個。這一定很好玩。讓它變成是將水滴落在人身上，而非地上。」奧特克拉斯這時所採用的，便是《觀眾》的美學語言。他心裡浮現的是許多水滴圍繞、注視著人們的畫面。這個想法讓科赫和伍德眼睛為之一亮，但已經與BBC無關了。他們需要贊助商。或許那些購買《觀眾》的收藏家會發現這個想法的價值？他們費了些力氣，為這部印表機重新改寫程式，然後展示給藝術收藏家弗蘭科爾夫婦（Maxine and Stuart Frankel）。一間下著雨的房間引起這對美國夫妻的興趣，於是二〇一一年，在位於密西根州布魯姆菲爾德西斯市（Bloomfield Hills）的弗蘭科爾基金會（Frankel Foundation）的支持下，他們完成了第一間雨屋。

蘭登國際藉由某種發現，成為藝術家聯盟；正如鮑魯斯發現自己將成為一名劇場導演一樣。蘭登的創辦人在找到自己的美學語言之後，幾乎立即創造出他們經久不衰的作品。他們持續探索人機介面。這些機器人像真人一般做著奇妙的事。當人們經過時，它們會傾身轉向路人，模仿對方的行為，而且會神奇的扭動身體。當機器人停下來注視著人們，而人們也從中看見另一面的自己。

正如鮑魯斯一般，這些藝術家不僅創造出新穎且有意義的事物，他們也幫助大眾從中看見自己。

重新想像設計：執著於解決「尚未存在的問題」

奧克斯曼（Neri Oxman）來自以色列，是麻省理工學院媒體實驗室的教授，專攻建築與設計。和本書介紹的其他創造者一樣，奧克斯曼深具好奇心、同理心、直覺、天真、謙遜且聰明。她執著於想要完成自己的願景，也就是「解決尚未存在的問題」。接下來，我們將從她的故事中了解美學創造的最後一個維度：執著。

百死不悔的人生選擇

無論在巴黎的時裝秀、米蘭的設計展、東京的展覽，以及紐約和舊金山的博物館收藏，你都能看到奧克斯曼的作品。她透過創造這些作品，盡情探索衣服質材、建築與居家設計等各種領域，並尋求向大自然取經的可能性。

事實上，過去已經有許多設計師喜愛從大自然的奧妙中擷取靈感，並將其運用在建築和設計領域中，例如有人創造出如洞穴、樹木和山丘形狀的建築，或是設計出質感像是皮膚般細緻、狀似貝殼般立體的衣服，還有一些汽車的外型像馬，以及形狀仿照海豚的型態設計而成的船。這些都是藉由研究自然界的既存事物創造而成的設計之物，並為人們帶來永恆的價值。

如今，拜現代科技之賜，先鋒設計師和建築師仍持續模仿大自然的智慧，打造出能調節能源、珍惜水資源及處理廢棄物的綠能建築物；設計出能監測人們生理與健康狀況的智慧型衣物；而自動駕駛汽車則已成功模擬人類開車時的操作與判斷。

奧克斯曼是這場模仿自然風潮的先鋒。她不僅是純粹模仿大自然的形式和功能，更帶領我們探索如何運用嶄新的設計來改善人類自身環境。她對設計的熱情，使得她的作品影響力已遠遠超越我們所身處的時代，投射出我們難以想像的未來。她近來備受矚目的設計包括：一個完全由蠶絲織成的亭子（這些蠶是她訓練出來的）、給蜜蜂棲息的人工蜂房（即使未來面臨環境變化，蜜蜂仍得以在穩定且能夠適應的棲地中生存），以及貌似人體器官且有助於器官功能運作（如增進血液含氧量或促進消化能力）的穿戴裝置。

學生時期的奧克斯曼先是在以色列軍隊服役四年，接著進入希伯來大學（Hebrew University）學習醫學，之後到倫敦研究建築學，並在麻省理工學院媒體實驗室取得博士學位。她有著濃密黑色卷髮以及一雙慧黠的黑色眼珠，無論在雜誌封面上或麻省理工學院中，總能牢牢吸住所有人的目光。她的個性內省、重隱私，但在創作過程中卻從不迴避他人的關注眼神，甚至能從中汲取能量。她似乎能夠完美的領會美學語言，總是對難以捉摸的想法深感興趣，並勇於探索並跨越當代美學的界線。

大約就在蘭登國際的藝術家致力探索人機介面的同時，奧克斯曼也展開她關於人與自然介面的博士研究。奧克斯曼特別對於童年時期她常看到的馬許拉比亞（Mashrabiya）感興趣，馬許拉比亞是一種常見於中東地區、運用伊斯蘭建築的設計風格以木板雕刻而成的屏障，透過這種精緻的木製窗格不僅美觀，更具有調節光線、控制氣流等功能。於是，奧克斯曼萌生出一個從自然界中發現的圖案，來設計一個現代版馬許拉比亞的想法。

她利用數位製造技術（digital fabrication）製作出一個研磨壓克力屏風，並稱之為費氏數列的馬許拉比亞（Fibonacci's Mashrabiya）。這種屏風能靈活調節光線、過濾空氣。這個設計最初奧克斯曼並沒有打算要實際量產，它只是一個有趣的假設、一個研究的結果。對她而言，作品綜合童年的觀察、多元的學術背景、不同國家的生活經驗，以及長期以來對於神話和時間限度的莫大興趣，自然而然匯聚而成的作品。

在博士研究之後，奧克斯曼將研究焦點轉向人的身體。奧克斯曼接受龐畢度藝術中心（Centre Pompidou）的委託，製作出一系列3D列印塑膠設計，名為「想像的動物：尚未發生的神話」（*Imaginary Beings: Mythologies of the Not Yet*）。這是由以色列一間3D列印公司所生產、為人體設計的十八個物件，能穿戴於頭上、繫在腰間或披在肩上。

在這一系列設計中，有一款頭盔的設計靈感來自希臘神話中的牛頭人身怪物「米諾陶」（Minotaur），用意是為了避震。這在她的博士論文設計中顯得格外珍貴。奧克斯曼運用醫學成像技術，針對臉部特徵進行數位繪製，並設計出她稱之為「空間縫合」（spatial suture）的柔軟薄板。另一款頭盔「梅杜莎」（Medusa）則是即興複製希臘神話中的斬首怪獸，企圖藉由增強大腦電極來提高認知能力。

「普紐瑪」（Pneuma）這一系列的作品則覆蓋在胸部和胸廓，是一種可以隨著呼吸擴張和收縮的緊身衣，有助人們控制呼吸。例如「阿拉克妮」（Arachné）這個令人驚豔的宮廷式束衣，名稱來自於希臘神話中被變成一隻蜘蛛的織女，這款束衣具有強化肺臟的功能。「利維坦」（Léviathan）、「塔羅斯」（Talos）、「卡夫卡」（Kafka），以及「分身」（Dopplegänger）等，每一件作品都引人出乎意料的驚喜。如今「普紐瑪」整套系列作品已經成為巴黎龐畢度藝術中心的永久收藏品。

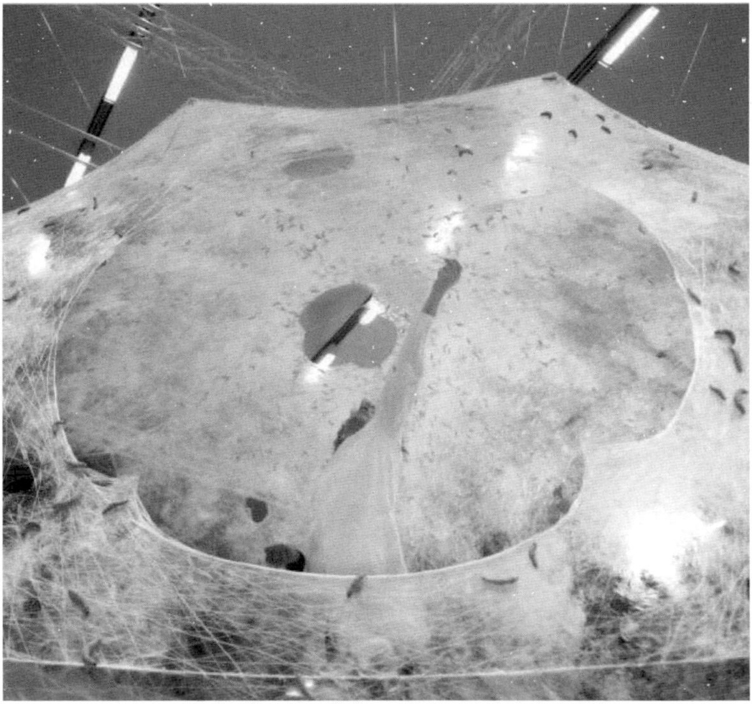

圖7：《絲亭》（*Silk Pavillion*），奧克斯曼（2013）。6,500隻蠶先是被放置在支架的底部邊緣，隨著它們填滿絲纖維之間的縫隙，也同時在不織布絲質貼片上紡織。©Steven Keating

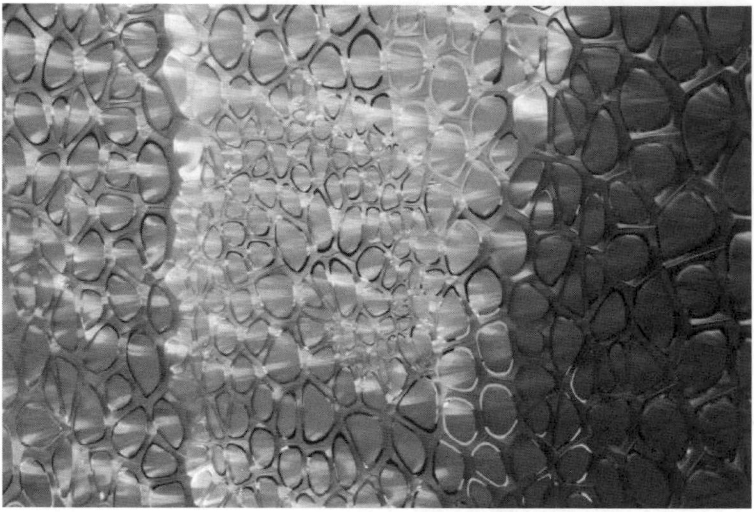

圖8：《費氏數列的馬許拉比亞》（*Fibonacci's Mashrabiya*），奧克斯曼（2009）。運用數位製造技術，融合古老的馬許拉比亞設計藝術。©Neri Oxman

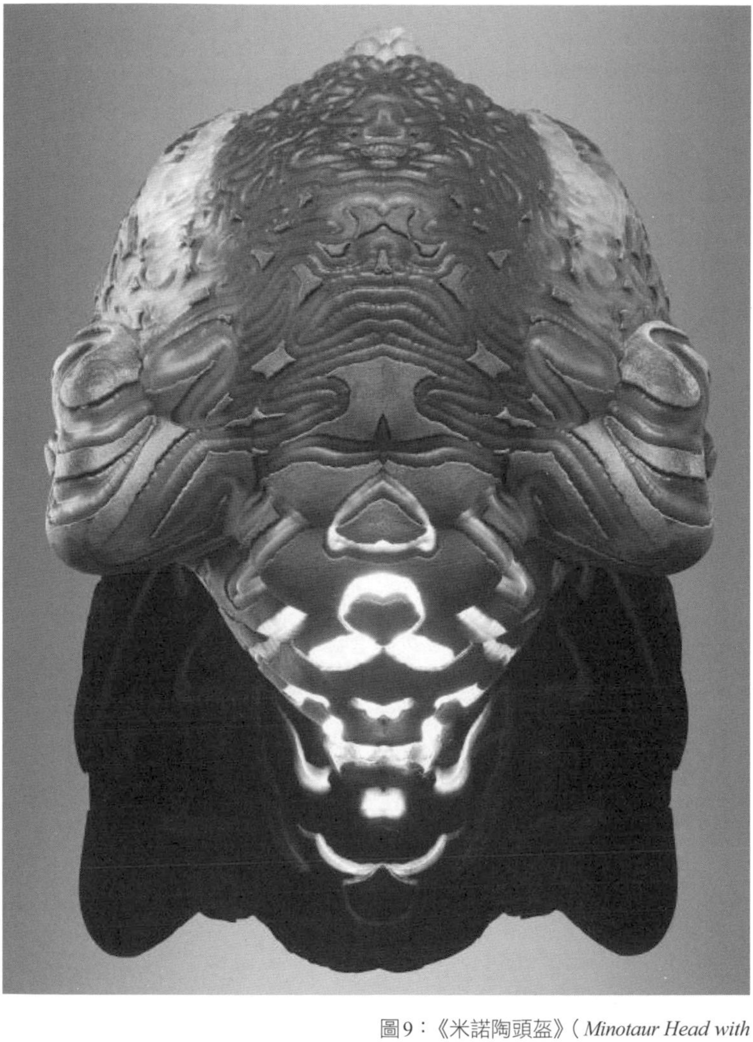

圖9：《米諾陶頭盔》（*Minotaur Head with Lamella*），奧克斯曼（2012）。這是一款避震保護頭盔。©Yoram Reshef

「這東西很重要嗎？」經常有人這樣問奧克斯曼。

最近奧克斯曼在拜訪麻省理工學院媒體實驗室贊助人之後，受到我的邀請來到哈佛的課堂上進行一次演講。此時的她顯得疲憊不堪，選擇坐在螢幕旁的椅子上演講，這是由於在這之前她才經歷數月的旅行和數天嚴格的審查；幾週前，她曾在米蘭的年度設計展上展示作品。而此刻她向我的學生們展示她用3D列印機製作出來的巨型玻璃作品。不久前，她才剛在東京分享她希望將3D積層技術（3D additive design）應用於建築領域上。在她述說這些專案計畫的同時，我的學生們以一種少有的專注態度認真聆聽，專注到沒有人打開桌上的筆電。

奧克斯曼告訴學生們，我們不需要受限於大自然現在或曾經造成的一切，因為大自然總是令人驚訝且變動不居。在不斷快速變化的環境中，有些變化為人類生活帶來挑戰，我們在思想上可以超越自然，創造有助於人類適應環境變遷的事物。

她在演說中展示她飼養的蠶工作時的畫面，藉由她的設計，讓蠶完成自身絕不可能完成的事物。方法是將這些蠶寶寶分別放置在一個由機器手臂構成的絲纖維支架上，如此一來它們就能藉由填補機器放置的絲纖維之間的空間，創造出一個絲質涼亭。繼蠶寶寶之後，她繼續分享人工蜂場的專案，希望藉此說出讓蜜蜂免於絕種的解決方案。

提問時間到了。最後一個問題是由我的學生瓦昆（Joaquin）發問，他問奧克斯曼兩個問題：一、是否曾有企業將她的作品投入大量生產？選擇以3D列印製造，是否會因此局限於只能生產小規模的成品，而且過程耗時？二、讓作品對社會是重要的、有意義的，對奧克斯曼而言意味著什麼？

聽到學生的提問，奧克斯曼站了起來。她首先回答學生第一個問題：「假如我想馬上實際量產作品，確實可以達成。」奧克斯曼表示，事實上已經有一家與麻省理工學院合作的企業準備用她的3D玻璃印表機製作燈具，並預計將在年底前將產品賣出。另外，也曾經有一位投資者有意打造一家高檔的體育用品公司，希望開發她設計的頭盔、緊身衣等在極限運動上。雖然如此，但她還是希望自己的設計能做的不只是量產而已，而是能發揮更大的影響力。比方說，有可能成為人們住在太空時穿的衣服；或是作為未來城市規劃時的重要建材，不僅能適應未來人們變化萬千的需求，應付數以百萬計人類的生活，正如同她的《絲亭》是在蠶的作用下發生的變化一樣。一旦人們開始懂得關心自己行為對生態的影響，那麼她的設計也可能會以3D列印來製作可食用、漂亮的食品包裝袋。

關於第二個問題，她跟學生分享她的日常生活方式。她的生活方式很簡單，就是租間房子，一年到頭不斷出差旅行。「為什麼我要選擇這樣的生活？」她在最終在離開教室時拋出這個問題，留給滿室學生慢慢去思考。這也意味著對她而言，她的工作比她自己更重要。或者從某個程度來說，她就是她的工作。在奧克斯曼所期待的「持久、永續性的未來」實現之前，她不會停止創造，無論那個未來還要多久才會到來。

執著是一種本能，創作者用執著去支持一個構想存續下去，直到這個構想完美實現，他們才會真心感到滿足。與此同時，還有另一種滿足感來自於構想的持續發展，並給予創作者繼續努力的意願。

執著堅定的創造歷程

執迷不悔的創造者，深愛探索過程中油然而生的滿足感，使人忘卻紛沓而至的殘酷現實。史蒂芬金（Stephen King）在《史蒂芬金談寫作》（*On Writing*）中曾寫道：「我寫作是因為它滿足了我。也許寫作是為了還房貸、供孩子上大學，但這些都是次要的。我寫作是為了使自己有事情忙、像蜜蜂般繁忙有活力（buzz）。我寫作是為了伴隨而來、純粹的喜悅。如果你能為了喜悅而寫，你就能永遠寫下去。」匈牙利心理學家契克森米哈伊（Mihaly Csikszentmihalyi）將這種愉悅感稱為「心流」（flow），這也正是在長期持續的「創造者循環」過程中，創造者所能感受到的內在益處。

「創造者循環」不僅能創造出重要之物推動著世界的轉變，創造者也經由參與創造循環的過程在生理上發生一些變化。研究已經證實，有意識的集中注意力有助於提高疼痛忍受力、減少焦慮、降低抑鬱，無論在認知和情緒上都會帶來一些正向的幫助。雖然針對思考治療的臨床研究在檢驗冥想對身體的好處時，通常涉及聚焦在自己的身體或當下周圍環境，但專注於創作過程本身（例如創造者推演一個新的方程式、寫一首新歌，或設計一款新的電玩）同樣也是一種冥想形式。神經科學家暨《情緒大腦的祕密檔案》（*The Emotional Life of Your Brain*）同時也是作者戴維森（Richard J. Davidson）及其他科學家已經證明，冥想可以改變大腦，其作用與感官訊息刺激大腦的方式類似。正念冥想可以增加前額葉皮質的活動、提高情緒大腦的活力，並影響許多在創造重要事物時的情緒和認知狀態。心理學家蘭格（Ellen Langer）提倡的「正念運動」（mindfulness movement），及杜威提倡的經驗美學運動相呼應，都能夠激發執著的深刻力量。

執著於創造活動的經驗，能夠改變每個人的大腦狀態，使我們的大腦各有所長。雖然不是每個人都像蘭格或鮑魯斯那樣擁有獨特才能與創意、那樣善於表現自我，但我們可以在創造者循環的實踐中，逐漸產生屬於自己的優勢。我們可以在各自獨特的生活經驗中，累積起不同程度的直覺、風險承受力及專注力。

神經科學家過去普遍認為大腦是固定不變的，過了童年生長期，我們的大腦似乎就停止發育。但科學家們後來發現，體覺皮質（somatosensory cortex，是負責處理大腦和身體各部位之間感覺訊息的交換的大腦皮質，以電流刺激皮質上的特定區域，能激發臉頰、右腳、眉毛等部位的觸覺感受）實際上仍持續進化中。研究指出，猴子若長期不使用手指，會導致大腦結構發生變化，大腦中與手指觸覺有關的區域也可以換成臉部的觸覺。自一九九〇年代早期第一次有關靈長類動物的發現以來，許多研究表明，人類的大腦同樣具有可塑性。

視覺皮質約占成人大腦總容量的三分之一。在失明者的大腦中，視覺皮質轉而處理聽覺、觸覺甚至文字訊息。針對擁有視力的一般受試者所做的研究，顯示即便只是被蒙上眼睛五天，也可以明顯看出大腦可塑性發生類似變化，這也證明大腦具有驚人的快速適應能力。許多研究證實，大腦中的突觸網絡會因為大腦活動（即便僅長達數小時）而重組，並隨著堅持不斷的經驗而改變，例如經年累月彈鋼琴、冥想，或者執著於創造。

像奧克斯曼這類創造者，一心夢想著最終能製造出的東西（例如奧克斯曼期盼創造出一款3D玻璃印表機，能夠製造今日技術難以想像的特殊尺寸和形狀玻璃）。但從構想萌芽到夢想實現（從原型到玻璃印表機的量產），可能需要花費很多年時間。對那些急於看到好處的投資者來說，那樣長期的研發時間，根本是在白白浪費成本；但對於像奧克斯曼這樣的創造者而言，情況則恰好相反。多年的執著追求改變了奧克斯曼，使她成為了一名大師。

奧克斯曼經由創造者循環的實踐，強化她對於美學的執著。正如同歷史上最知名、最執著於創作的創造者，如小說家愛倫坡（Edgar Allan Poe）和詞曲創作者巴布狄倫（Bob Dylan），她經常在自己的構思中維持自身與創作的關係，完全不假他人之手。她雖然有許多學生，但還是憑藉一己之力完成自己的作品，將其與她的個人歷史和經驗結合起來，就像她的馬許拉比亞設計一樣。隨著她不斷進步，同時也塑造及重塑她的創作，將脆弱和個人的特質與持久且普遍的經驗相連結（例如她把自己的作品，與希臘神話中米諾陶或梅杜莎做連結）。

最後，她似乎永遠不會停止創作。奧克斯曼延遲她實現夢想的喜悅，就像是她把自己的許多成功換來更大賭注，想看看整個宇宙最後會變成什麼樣子（請見圖10）。

晚禱（Vespers）是奧克斯曼為倫敦設計博物館（London Design Museum）、龐畢度中心以及澳大利亞墨爾本的維多利亞國家美術館（National Gallery of Victoria）所設計的一系列死亡面具作品。這些面具從死亡的角度探討生命，試圖在生命終結前的關鍵時刻探索重生的可能。

奧克斯曼死亡面具的製作過程一如「想像的動物：尚未發生的神話」，不僅完

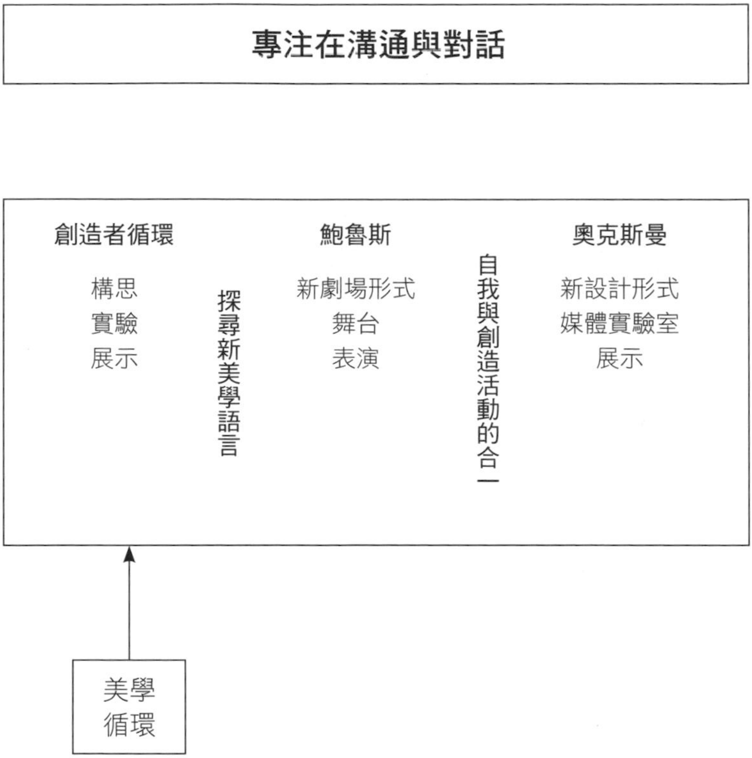

圖10：在創造重要事物的最後階段，創造者獨特的美學詞彙在完整的美學語言中找到共鳴。隨之而來的公開討論，本質上是與創作者本人的直接對話，她無可避免的選擇面對。這樣的過程就像是在橫渡汪洋，長期的海上生活讓人感到痛苦乏味，一切漫長得似乎永遠沒有盡頭；忽然在地平線隱約看到陸地的景象，頓時感到如釋重負。
©Bob Roman/ PaneVerde Design and Technology

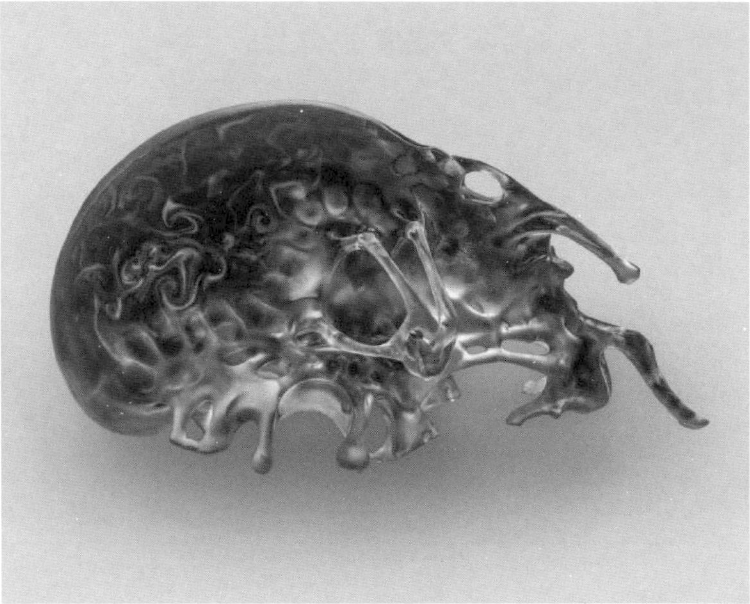

圖11：《晚禱系列2》（*Vespers Series 2*），奧克斯曼作品（2016）。屬於奧克斯曼的死亡面具系列，目前為澳大利亞墨爾本維多利亞國家美術館（National Gallery of Victoria）永久收藏。© Yoram Reshef

圖12：《雙子座》（*Gemini*），奧克斯曼（2013）。原是為巴黎和劍橋的「實驗室」（Le Laboratoire）展覽而創作，現為舊金山現代藝術博物館（MoMA）永久收藏。©Michel Figust

全捕捉死者的面部表情，更用顏色和形式重新加以詮釋；這些面具的目的還包括保存、封印垂死之人的最後一口氣，從呼吸中提取活細胞，如此一來當大腦停止運作、心臟不再跳動時，這些細胞仍將繼續存活。這些活菌細胞將持續透過細菌的自然繁殖過程使其他細胞再生（在人體內，細菌細胞估計為人體細胞的十倍）。藉由晚禱的死亡面具，奧克斯曼繼續「想像的動物」的研究。奧克斯曼運用數位、合成，以及生物媒介等技術，一絲不苟的專注細節，以此型塑生命本身，包括生命來源、走向，以及內涵。

奧克斯曼預計要開一家建築師事務所。她說，她的第一個委託作品將會在日本小規模生產。她也與即將舉行的東京奧運會主辦者討論，如何使用她的可穿戴裝置，以使運動員在比賽的同時亦能補充養分。奧克斯曼的未來（連同我們的）即將來臨。

活躍的創造者群像

其他著名的當代創造者也在他們的文化實驗室裡努力工作，探索食物、藥品的未來，以及與餐廳常客、科學家、病人、手機用戶、遊戲玩家和戲迷進行溝通交流。他們往往執著於追求實現自己的想法，很少像奧克斯曼那樣耐心的延遲公開討論，等待我們所有人跟上進度。如此頑強的決心，可見於奧克斯曼在世界文化底蘊下的表達，不論是TED的演說或現代藝術博物館的展品，她所創造之物的純粹美學價值幾乎是唯一重要的事。在我們尚未完全理解工程原理之前，存在幾個世紀的達文西繪畫早已揭示其對工程可能實現的設想。從某種意義上來說，或許奧克斯曼與達文西有異曲同工之妙。

許多藝術家如今在創作時，幾乎就像研究人員探討一個已然變化的未來。其中包括英國雕塑家泰勒（Jason deCaires Taylor），他首創全球第一個水下博物館，其海洋雕塑作品屬於特定場域的藝術，以特定地點為主題，探索未來人們對海洋生活的推崇，正如同以往人們推崇陸上生活一樣；丹麥裔冰島籍藝術家、目前常駐柏林的艾里亞森（Olafur Eliasson），其最著名的當代藝術作品，從二〇〇三年於倫敦泰特現代美術館（Tate Modern）展出的《天氣計畫》（*Weather Project*）到二〇〇八年於紐約展出的大型公共裝置藝術《紐約瀑布》（*New York City Waterfalls*），無不探索未來的創造物能讓我們回歸與自然間的關愛之情。「小太陽」（Little Sun）是艾里亞森所做的一項非營利計畫，旨在生產小型可攜式太陽能手機充電器，為缺乏電網的發展中國家提供賴以為生的電力；阿特肯（Doug Aitken）是另一位當代藝術家，他的作品同屬於這類研究者藝術家運動。

阿特肯對美學的執著是探索一個我們與自然保持正念關係的未來。無論是在美國西部高速公路旁的一間汽車旅館房間，荒謬的出現一隻貓頭鷹盯著床上的相機鏡頭；巴西一間展覽館裡，發出由地底傳出的隆隆低沉聲響；或是美國國鐵（Amtrak）一列火車上，坐滿在全美各地巡迴創作和表演的藝術家，都以令人驚豔的方式將人與自然連結在一起。出身南加州的阿肯特，其作品是一種來自某個來源的隨機發散，而非對目標結果的系統性追求；更多的是研究而非生產。從這個意義來說，阿特肯的創作方式類似奧克斯曼，但是奧克斯曼主要探索介於人與人之間的阻礙，阿特肯則是探討這些阻礙被打破的情況。

從藝術學校畢業、接著在曼哈頓住了幾年之後，阿特肯選擇在加州的威尼斯海灘（Venice Beach）定居，在那裡住了十年，直到二〇一〇年，他有了一個願景。

他邀請父母來家裡，當時他已將家具全數清空，客廳中央只放了個野餐桌和兩張長凳，他讓父母對坐。艾特肯隨後開始拍攝他的房子拆毀的場景，而他的父母面對面沉默的坐在原地，面無表情。同樣的場景持續好幾天，每次好幾個小時，拆除大隊拆毀牆壁、天花板等幾乎所有東西，除了他父母腳下的地板。結果帶來了《房子》（*House*）這部令人瞠目結舌的影像藝術作品，充分代表阿特肯的表述目的。

我第一次採訪阿特肯是在他位於威尼斯海灘的家中，也就是在他先前拆掉的廢墟上重建。他帶我參觀了一下。「我的房子是一件藝術品，」他說：「就像我的其他作品一樣。」我們在天窗下站了一會兒，天窗形成了通向屋頂陽台的艙口，阿特肯討論著光線在一天中不同時刻的作用。我來威尼斯海灘是為了和阿特肯談談一個新的當代藝術獎，以及他可能成為我們第一位得獎者的消息。這個獎項的共同創辦人伊凡斯（Bridgitt Evans）先前曾介紹我和阿特肯認識。在接下來的二十四個月裡，我們在許多地方見面。但今天在幾乎與《房子》無異的場景內對話是個令人難忘的起點。

我問他，看到自己的家在父母的四周崩毀，當時在場的所有人是否會為他的所作所為感到辛酸難過。不，他回答說。他告訴我，在他十二歲時曾坐在爸爸身旁，他們一同驅車前往內華達山脈（Sierra Nevada Mountains）。他們用車上音響聽尼爾森（Carl Nielsen）的〈第五號交響曲〉（Symphony No. 5）錄音帶。「閉上你的眼睛，」爸爸說：「仔細聆聽。你看到了什麼？」阿特肯看到了天鵝絨般的山丘和掉落的巨石。接著他的爸爸更換卡帶。「這個呢？」阿特肯聽著鋼琴演奏的速度，他從未聽過彈得如此快速的演奏，那是顧爾德（Glenn Gould）演奏的巴哈。他閉上雙眼，滿是沮喪，最後向父親坦承看不到任何東西。隨著狂躁的琴音不斷流瀉，他的父親則直盯著路繼續行駛。

阿特肯的父親說，他的兒子就在剛剛發現好藝術和偉大藝術之間的區別。好藝術僅代表技術上的純熟，而偉大的藝術則創造出一種最終難以言喻的感官體驗。道格說，《房子》就像後者。當初拍攝、甚至是現在回顧這部影片，都不會使他產生懷舊之情或有任何不自在。無論是當初創造或現在回顧，描述的東西都一樣。在阿特肯看來，藝術從何而來，又將帶領我們到何處，其實萬變不離其宗。它會使你探索自己的獨特本源，以及你對普世經驗的追尋。

我們在教室或會議室中往往很難看到這「第三條創造之路」。但如果你願意的話，其實執行起來一點都不困難（請參見圖13）。

我們為什麼要做這件事？出於大腦獎賞系統的驅動。

我們如何做這件事？透過「創造者循環」：構思、實驗，進而展示。

我們該怎麼做？透過食物、遞藥系統、電腦、遊戲、戲劇、藝術等重要的創造性事物。

創造何以如此有趣？初次創造的你會擁有新鮮的刺激感，反覆創造的你則會讓自己變得更好，也因此，創造既適合單純的孩子，也適合像愛因斯坦這般精明世故的科學家。創造適合每一個人。

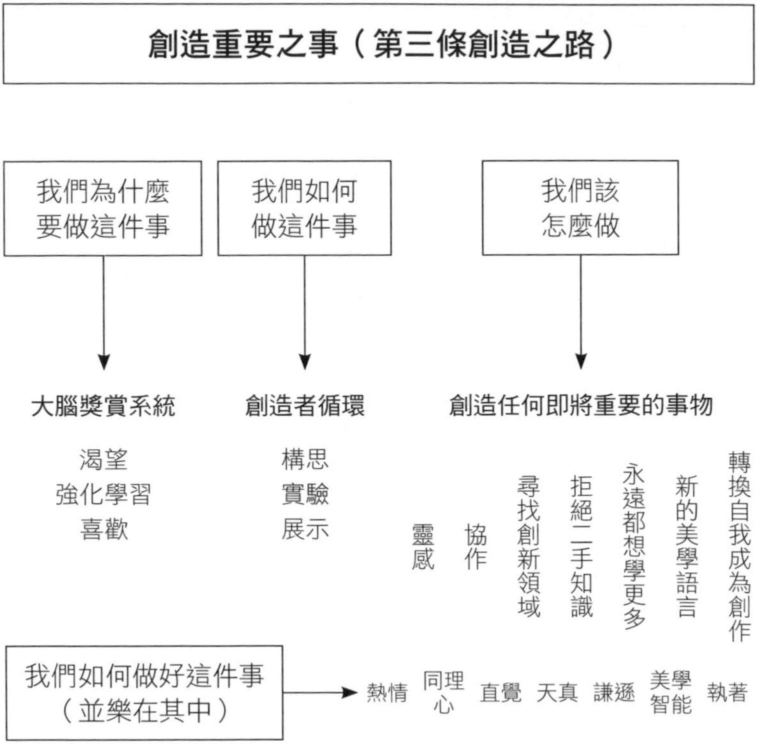

圖13：無論在現代有多難實現，第三種創造之路都是我們自然而然、最可能主動採用的一種方式。大腦激勵我們追求；無論是廚師或建築師，你我都以本質上相同的方式經歷從想法到實現的循環過程。我們最終會做所處環境建議我們應該做的事，才得以永續發展。在此過程中，我們學習到關於創造的七大美學維度，幫助我們著手創造並樂在其中。

©Bob Roman/ PaneVerde Design and Technology

第三部

創造一個人人想要的未來

第六章

草根文藝復興

在我開始教授創意美學課的頭幾年，每一學期我都以分享「種子想法」為引言，來鼓勵學生們型塑出自己的點子。這個方法能讓他們不再像以往那樣徘徊在第一條和第二條創造之路，選擇一個自己真正想進行的創意發想，無論是工業設計（製作一個新的義肢器官）、商業模式（經營一家公司的營運），或是創意寫作（寫出一篇短篇故事）。總之，這堂課的目標就是在於透過想像力，創造出某種最終能改變人們的思維和生活方式的事物，並開拓一條實現這個目標的道路。

這堂課在進行頭六年中，學生們確實開發出一些很棒的構想。像是創造出一種從溼土中汲取能量的電池，為缺乏電網的地區供電。這項專案後來獲得世界銀行（World Bank）的資助，經過幾年的原型設計和實驗，最終成為學生的博士研究主題。還有一個設計是發電足球，構想是只要有人踢這顆足球，足球便具有發電和儲電的功能，可作為手機充電的設備。這個構想看似簡單易懂，卻需要思考設計之道，為了實現這個發電足球之夢，後來提案的學生開公司進行研發，最終不僅成功了，更廣受國際注意與讚譽。

有趣的是，課堂中有三分之一的學生都想設計出一種能促進健康的巧克力，讓消費者在不增加卡路里的情況下盡情享用甜食。後來這個構想也直接或間接促成幾家巧克力公司的研發工作，我的學生們也成為其中的參與者。然而上述這些成功的特例還是少數，大多數時候，學生們都會為了構思創意點子感到猶豫不安，而我的工作就是幫助他們克服猶豫，邁出「創造者循環」的第一步：帶著強烈的好奇心，勇敢盡情的夢想。

「大膽夢想」這件事對我的許多學生來說似乎違反直覺。因為傳統中的價值觀與教育體系已經為他們在邁向各種職涯道路上鋪好道路，無論是金融界、企業管理顧問和醫學等領域，而如今要引領他們踏上一條充滿不確定性和高風險的無止境道路，看來似乎讓學生們很難想像。

在二〇一四年和二〇一五年，我的班級組成分子發生變化。我開始接收那幾年第一批誕生、成長於手持電子媒體時代的學生。我意外的發現，現在新一批的學生根本不需要借助種子想法，而會自由的開始腦力激盪出各自的創意發想。在此之前，過去我帶的每個班級中只有少數學生有創業經驗。突然間，班上大多數學生都具有某種類型的「自造者」（maker）經歷，例如有學生是影片或部落格創作者，也有學生是學校社團或某個新創公司的創辦人。這讓我產生一種感覺，那就是我不一定要教導學生發生在學校外的重要事物；事實上，我從學生身上學習到的重要知識，就跟我教給他們的一樣多。舉例來說，二〇一五年，我學到的是社交網路的強大連結；二〇一六年，是數位與實體經驗的重新連結；二〇一七年，則是通往電子虛擬世界的幸福之路。

未來的社會將會交給如我的學生一般、這群與我們這一輩成長經驗不同的新世代年輕人手中，他們也將成為這場草根創造者運動的領導者，共同為締造一個所有人都希望擁有的理想生活與永續未來，開創出最多、最大的可能性。

回想起網路上第一則推文（tweet）是出現於二〇〇六年。到了二〇〇七年，全球每天推文數量是五千則。二〇一三年，推文數字持續刷新，甚至高達五億則。推文也是一種創造物，雖然它可能短如一個字母、一句話，或一則新聞報導。現在我們習慣將所經歷的新事物投以關注，並記錄下來以表達我們的關懷。推文的篇幅雖遠比小說還小，但寫推文也是一種創作。絕大多數的推文並非出於商業目的，也並非為了成為歷久不衰的文化經典。人們發推文純粹是為了表達自己的想法。推特上的表述可能充滿憤怒、膚淺、文法錯誤或有中傷人的語言，但也可能帶來希望、深刻、詩意的語言。推特以一種有限的方式，供人表達當下自身想法和感受，不管推文是否具有任何價值。現在，每天有這麼多的世界公民成為活躍的推特用戶，數億人自發性的進行對現實生活塗鴉式的表述，這種現象發生在我們身邊的朋友和家人，或許你也是其中的一份子。

至於臉書目前擁有約二十億活躍的使用者，WhatsApp則超過十二億人使用，YouTube約十億使用者，Instagram約六億，推特（Twitter）則超過三億。Blogger是今日最具代表性的部落格網站，每月不重複訪客數大約超過四千三百萬名。根據

《企業家》（*Entrepreneur*）雜誌報導，二〇一四年，千禧世代（millennials，又稱Y世代）平均每天在使用者原創內容（user-generated Content，簡稱UGC）上花費五．四小時。即便是有近一千八百首詩作的美國詩人狄金生（Emily Dickinson），也無法每天投注在創作那麼久的時間。

除了透過推特、Instagram貼文，以及其他形式的線上使用者原創內容達到兼具文化創造和商業模式的創造之路外，還有一種正在蓬勃發展的創造運動，這種運動稱為「自造者運動」，這是純粹為了自我表達、享受創造本身的樂趣而創作的創造行為。這些由創造者自製的物品就像一則推文或部落格貼文一樣，或精煉，或粗糙；可能是精心製作的工藝品，也可能是毫無匠心的輕率之作。不管如何，透過創造這些作品能充分表達此時此刻的我們，無論成果是否完美。

一則憤怒的推文不會讓世界變得更好，對世界也不重要，因為它所創造出的事物並不會為他人的生活帶來永續價值。當藝術家格拉德（John Gerrard）利用池塘水面溢出的油膜製作飄揚的旗幟時，他同樣是在表達一種憤怒的思想，卻是以一種美麗、帶有美學智能的方式，這是大多數推文無法呈現出的美學。儘管如此，有意識、有自覺的體驗生活、與他人分享我們的生活經驗，在對話間展現富有傳達力的溝通，這些仍然很重要。事實上，如果我們想要為人類創造一個充滿希望的未來，那麼每一個人的意見都很重要。

我相信，這個時代將是有史以來人類最具動能，共同攜手投入我所謂的草根創造者運動（Grassroots Creator Movement，簡稱ＧＣＭ）的最佳時刻，身在其中的每個人都能在以一種持續性的方式表達自我。

遍地開花的草根創造者運動

在過去十年裡，人們開始主動（而非被動被告知該做什麼）並以前所未有的規模進行創造，這些產物包括：推特、部落格貼文、木頭雕刻品，以及諸如３Ｄ列印作品、新創公司、即興表演、被褥、小房子、機器人、雜誌、書籍、植生牆、新奇的食物形式、合成生物、衣服等各種永續性設計。就像早期穴居人一樣，我們都盡情的想要在這個世界留下屬於自己的印記。

自造者運動是ＧＣＭ的實踐核心，大約可以從第一條推文的誕生開始算起。

《自造者》雜誌（*Make*）則在前一年、也就是二〇〇五年一月創刊。二〇〇六年，在加州聖馬刁（San Mateo）舉辦一場以手工藝、工藝和科技為主題的展覽會，這是第一次的自造者博覽會（Maker Faire）。自造者博覽會在頭一年便吸引兩萬五千名參觀者，到了二〇一三年，遊客已經超過十二萬五千人。今日，自造者博覽會在世界各城市舉行，全球預估有兩百三十萬觀眾參與響應。隨著第一屆自造者博覽會的展開，第一個開放取用（open-access，簡稱OA）的自造者空間TechShop也應運而生，在這個常設的開放空間裡，各種文化實驗室的創造者可以自由在其間穿梭、相互交流。

創辦於舊金山的TechShop是全球最大的自造者空間，在美國各地都有據點，包括底特律、洛杉磯、奧斯汀（Austin）和阿靈頓（Arlington）。每個據點都為大眾提供最新的微製造（micro-manufacturing）設備，每人只需繳交等同於健身房會員的費用就可以盡情享用。另外還有線上自造者空間，像是製造食物的線上遊戲如《美食大街》（*Food Street*），或《老爹甜甜圈店》（*Papa's Donuteria*）；虛擬人物電玩，如《異塵餘生》（*Fallout*）或《模擬市民》（*The Sims*）；或是網路空間，如瓦騰柏的網路資料庫作品《公寓》（*Apartment*），以及線上微製造和零售市場論壇，如Etsy、Indiegogo、Tindie、Kickstarter和Dragon Innovation，相信未來持續會有更多可能性發生。

二〇一四年六月，美國白宮第一次舉辦白宮自造者博覽會（White House Maker Faire），展出的自製發明從巨型長頸鹿機器人到敲擊香蕉演奏音樂的機器，有超過一百五十所大專院校創辦自造者空間。而歐特克（Autodesk）、英特爾，以及迪士尼等公司承諾為數百萬的學生提供自造者工具及環境，也為諸如自造者教育計畫（Maker Ed）等非營利組織的課程設置給予協助。根據愛特梅爾公司（Atmel）的數據，單是在美國，自造者／自己動手做（DIY）運動（一種充分代表GCM的運動，幾乎可見於每一則推文和YouTube影片）已發展至約有一億三千五百萬美元規模。愛特梅爾公司是微控制器的製造商，目前流行的Arduino微控制器開發版就是使用愛特梅爾公司的晶片。

百花齊放的草根創造活動進而驅動創意文化產業應運而生。從餐廳、科技公司到金融服務提供商，新創企業的產生無不源自企業家的大腦，他們創造新事物主要是因為他們想要這麼做。根據考夫曼基金會（Kauffman Foundation）的資料顯示，自一九七七年以來，美國幾乎所有的新增就業機會全都來自商業組織新創企業。專為新創企業而生的自造者空間因此相繼出現，諸如設立於全球各城市的劍橋大學創新中心（Innovation Center），提供辦公室、會議室，以及社交網路機會給早期新創公司和大企業，例如TechShop，在美學創作光譜上較傾向於實用和商業化。傲庫路思（Oculus）則是臉書以二十億美元收購的群眾募資虛擬實境公司，也是ＧＣＭ在商業上取得成功的一例。在美學創作光譜的文化一端，乃是衍生自個人經驗與文化對談，以及創作過程的經典作品。這些作品以當代美學的角度傳達出嶄新的思維和生活方式，例如史密斯（Zadie Smith）、哈金等成功的當代小說家，到拉馬爾（Kendrick Lamar）和德瑞博士（Dr. Dre）等流行饒舌音樂藝術家。與此同時，公民自製影片也徹底改變個人看電視的習慣。第一部YouTube於二〇〇五年四月上線，將電視從原本公司企業和個人之間的交流，轉成更多的全球點對點（peer-to-peer）之間的對話。隨著網飛（Netflix）和葫蘆（Hulu）這種多媒體隨選視訊內容供應商的影響力愈來愈大，足以看出人們觀看習慣的變化。

我們可將GCM想像成一個巨大的構想漏斗（如圖14）。當數以百萬計的想法從頂端進入，其中大多數不過是轉瞬即逝、自發性表達的個人經驗。藉由在促進學習的「快閃文化實驗室」中不斷反覆演算和實驗，有些創造者腦中的想法得以昇華，開始下降進入漏斗深部。此時，創造者創造的目的主要是為了創造過程的意義與價值，而非為了獲得最終的結果；他們進入快閃文化實驗室，藉由創造者的美學維度，以學習自造者技術、團隊合作，以及開放式解決問題的技能。接著，他們精力充沛的回到「正常」的生活，就像萊迪（Kenneth Ledeen）從位於加德滿都（Kathmandu）的快閃文化實驗室回來時那樣，後文將詳加介紹。GCM快閃文化實驗室作為激發創造力或持續精進創意的園地，這種創新學習的途徑是如此引人入勝，因此有許多學校開始引入這種概念進行課程的設計，像NuVu就是一個例子。

二〇一〇年，一群麻省理工學院的學生和教職員在麻州的劍橋大學共同創辦NuVu。在這間學校裡，沒有分數、沒有科目、沒有課程、沒有時間表，NuVu這樣的實驗學校說明GCM快閃文化實驗室如何構建一種新的學習方式，適合今日生活快速變化的世界。在這樣的創新學習模式中，最終出現在漏斗最底部的想法將有機

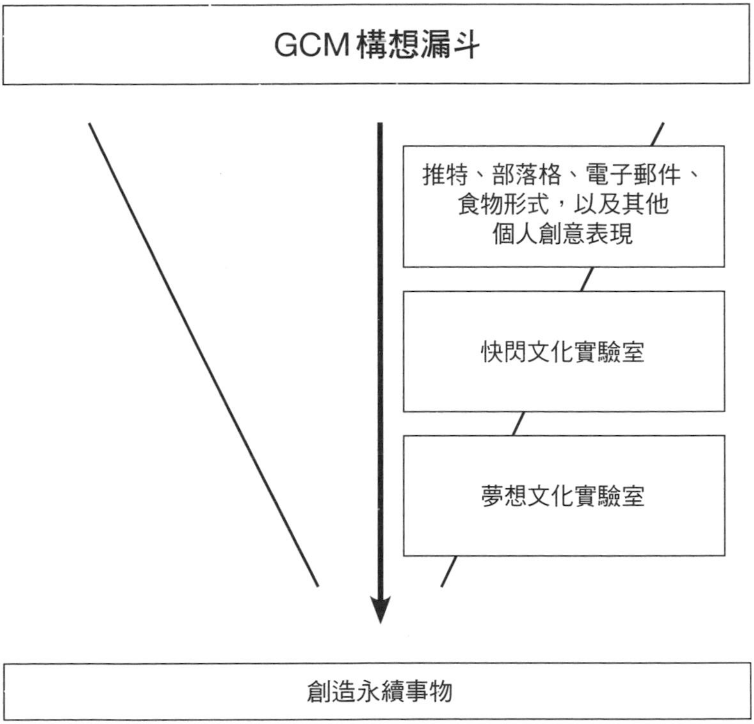

圖 14：在投入創造的漫長過程中，我們無可避免會注意到所處的時間與空間，在有限的條件下盡力自我實現。過去我們已經知道人類大腦被稱為最高明且複雜的系統，而未來更將是由超乎我們所想像的複雜人類協作進行創造，特別是在草根創造者運動開始以來，這種合作更為頻繁。每天都有數以億計則創造性構想誕生，要將這些構想轉化成永久性創造事物，有賴如同本書第三至第五章所描述的創造者一般，他們不計代價、全心全意的投入創意發想之中。©Bob Roman/ PancVerde Design and Technology

會進入文化實驗室裡，在各種支持與催化的環境中，創造出兼具商業、文化和社會價值的永續創造事物。

我家就是快閃文化實驗室

我爸爸有一位舅舅，名叫喬治（George）。喬治是我祖母的同母異父兄弟，據說他孕育於曾祖母某次出門觀看馬戲團巡迴表演的那個晚上。喬治出生在「美國的越野車之都」（buggy capital of America）俄亥俄州哥倫布市，後來被送到瑪麗阿姨家，瑪莉阿姨善盡職責的將他撫養到五歲，直到他開始上幼兒園為止。某天，喬治放學回家後發現自己的衣服被放在前廊的一個袋子裡，袋子掛在一根棍子上。由於瑪麗阿姨認為喬治已經長大到可以自己走路去上學，她便完成她的照顧義務，接下來小喬治得靠自己了。由於無處可去，喬治便跑去加入巡迴馬戲團，於是展開他的馬戲團生活。

多年過去，祖母和她同母異父的哥哥仍保持聯繫。在我爸爸五歲時，喬治當時在芝加哥已經是一名成功的業務員，他長得很英俊，也很精明世故，是我爸爸家的常客。他將從馬戲團裡學到的技能傳授給我老爸，教導他如何像魔術師一樣創造奇蹟、製造緊張感和獲得觀眾讚賞。我老爸當時就像海綿一般全數吸收他的才能。就某個層面來看，老爸的家就像是一個文化實驗室，一個創造者循環的孵化器，只要喬治舅舅在城裡時，就在這個實驗室裡創造出無限的驚喜。每次我老爸學到一些把戲後，就會想出另外一些新的戲法，並在實驗中加以修正，最後將他的創意成果展示給他的崇拜者，也就是他的母親和祖母欣賞。我爸年輕時是這樣出色的魔術師，最終將其所學轉成實際用途，最後也成為一位了不起的老師。

喬治過世許久之後，當老爸把魔術傳授給我時，我才開始對魔法及我舅公的神祕形象感到好奇。當時我家還留有一些舊的舞台道具，包括可以變出一隻活兔子的鍋子，以及當你遞給觀眾東西時會自動枯萎的魔杖。我老爸總是對我說，要表演成功的重要關鍵，第一步是要對著鏡子練習。你需要學習如何以他人的眼光看待自己。當你幾乎可以騙過自己時，也正是你可以準備上場表演的時候。後來當我到了中學階段，我每週都要花上好幾個小時來磨鍊我的技能。當時我爸教我的地方自然也成為我的文化實驗室，我的父母也是我的第一批觀眾，我的兩個姊妹偶爾也會來欣賞。後來我還向我的朋友們表演魔術，甚至表演給鄰居小孩看。

每次我在觀眾面前表演魔術時，都會刻意做些調整，讓每次表演都略有不同。我學會從觀察觀眾的反應做即興發揮，給予觀眾想要的東西，讓他們被近乎奇蹟的方式感到驚奇，這也是為何我從不在同樣的人面前重複魔術的原因。我們才剛剛一同創造出珍貴而罕見的事物、一種對無限可能性的短暫信念，都會被「重複」給破壞。

我用這種方法不斷試驗，並逐漸成為一名更好的魔術師，就像喬治舅公在馬戲團巡迴表演時所做的那樣，也像我爸爸在他舅舅每次為期一週的拜訪中、在他兒時的家裡所做的那樣。

快閃文化實驗室正是一個支持以嶄新創造方式呈現新事物的環境。藉由支持與增強創造過程的獎賞循環，締造出令人驚嘆且成功的豐碩成果，例如披頭四樂團和福特汽車公司；不過也有較不明顯的成功，例如我家三代業餘的魔術師。隨著草根創造者運動的發展，這些實驗室也不斷壯大，形成一個相對有組織的美學自造者學習平台。

無論是一組人馬在瓜地馬拉與國際仁人家園（Habitat for Humanity）一同建造一個家園，或者是食品企業家在週末一起聚餐，都可算是GCM的快閃文化實驗室。參與者為了教育、專業和個人發展等目的牽涉其中，他們通常對於人道主義或文化參與有著共同的熱情。為期從幾天到幾週不等，幾乎任何教育或專業都適用。人們遵循終身創造者所依循的創造性道路，亦即充滿熱情的追求專案計畫實現、本著同理心一同工作、直覺的表述自己，以及讓任何美學作品臻至完善。他們所創造的東西對他們很重要，對實驗室以外的人也很重要。

從獨立藝術家變成一群藝術家

二〇一四年底，在我將實驗室從巴黎搬到劍橋後不久便認識萊迪，他讓我第一次真正接觸到草根創造者運動。

萊迪原本是一位成功的科技公司執行長，近年逐漸邁入退休生活。身為一位丈夫、父親和祖父，他擁有充實豐富的生活。他的交友廣闊，與大學時代的朋友都還保持聯絡，他經常邀請朋友們來家裡吃飯，順道一提，他的妻子是個很棒的廚師。

萊迪偶爾會在他多年前創立的公司裡現身，儘管公司沒有他也一樣運作得很好，並不需要他擔心。他閒暇時經常會待在波士頓郊外家中的木工坊，因為他總能在木工坊工作中獲得一種極其美妙的感覺，這種感覺讓萊迪渴望想釐清背後真正的原因。

一九六三年，萊迪十七歲時進入哈佛大學就讀。在他之前，家族中從沒人上過大學。他主修文學，同時也學習如何編寫電腦程式以籌措學費。後來他畢業了，有個創業的機會等著他，然而他從未想過從商，更別說要領導一家科技公司了。他記得當時他的投資者遞給他一支粉筆，要他在黑板上畫出兩欄：一欄是借方，一欄是貸方，萊迪後來很快便學會會計，雖然他花更長的時間才精通領導。萊迪從來沒有受過電腦科學或工程學的教育，這是他創辦科技公司的不利條件。然而，他很了解莎士比亞、艾略特（T. S. Eliot），以及羅威爾（Robert Lowell）的作品，他知道如何撰寫扣人心弦的故事。投資他的軟體開發公司Nevo科技（Nevo Technologies）基本上相當於過著一種有著真正風險的創造性生活。「成功在於是否有遠見，」他說：「在於知道如何構思一個使人信服的故事，以及如何使這個故事成為現實。這就像撰寫一本偉大的書。」

萊迪努力當個執行長的同時，他的孩子們也漸漸長大、陸續離家，他便有更多時間在車庫裡打造一個木工坊，開始親手製作家具。他也去上過一些木工課程，但大多數時候，萊迪會自行創作，他說這是「為了療癒自己」。他偶爾會參加研討會和工作坊，以學習技術並從中獲得靈感。在一次因緣際會下，萊迪認識一位住在緬因州名為維賽（Jacques Vesery）的木材藝術家。

「維賽的演講報告讓我大開眼界。我從沒見過這樣的東西。於是在他演講完之後，我立刻跑去找他，問他能不能教我他剛才向大家展示的東西。他和藹有禮，但最終還是表明他真的沒有時間。我可以說是緊咬著他不放，甚至不惜把我在巴黎的公寓作為交易品，告訴他，只要他教我多少天，就能在巴黎住多久。」他們倆人後來成為好友。

維賽為人謙虛，才華洋溢，具有愛心，這也正是能讓GCM成為推動變革的領導者所具有的爆炸性力量。維賽住在緬因州森林中央一座漂亮的木屋裡。從前門進去，走幾步就能到他的木工坊，就跟前門到廚房的距離一樣。木工坊的牆上精心陳列一組令人印象深刻的工具，都在觸手可及的範圍內。在這些工具附近放置的是一些木雕藝術品。精緻、小巧的雕刻品，顯示維賽對於細節的講究，從照片中看來，這些雕刻品足足有十英尺高。在他工作台旁邊是一張改裝過的牙醫椅，是他製作複雜精細雕刻的場所。

維賽的作品廣受好評，他在藝術家巡迴演講中也很受歡迎，這也是何以「世界木材日」（World Wood Day）籌辦人在舉辦第二屆國際自造者大會時會提及他的名字。每年三月二十日或二十一日的春分，世界各地都會舉辦慶祝活動以紀念古代的木雕藝術。二〇一三年維賽來到中國，與一群國際木雕家共同創作一件木雕作品。這是一次令人愉快的經驗，後來，他被邀請到土耳其一個名為科普魯（Kopru）的偏遠小鎮，主持隔年的慶祝活動。

二十三名木雕家加入他的行列。他們沒有共同的語言，甚至連計畫都沒有。但這些都無法構成創造的阻礙。他將創造者的創造經驗分為三個階段，直覺性依循「創造者循環」的步驟。他希望第一階段能在第一天內全部完成。目標是讓所有人一起構思，想出到底要做什麼，以及如何完成。維賽鼓勵大家集思廣益，也確保每個構想都能獲得小組分享與討論。於是藝術家紛紛製作模型來展示他們的想法，推銷個人的願景，但到了下午便陷入僵局。眾人的目標是要造一座橋，但有兩組不同的想法：一組人希望打造出古典形式，另一組人卻打算做出當代的版本。他們無法下決定，到了傍晚時，維賽宣告第一天結束，他們錯過第一個截止期限。經過一晚的休息，第二天這群人又聚在一起，繼續進行他們昨天未能完成的討論，到了上午十點左右，所有人都同意選擇當代的版本進行造橋。

後來，維賽送給這些藝術家每人一件他抵達土耳其後設計的天藍色T恤，以紀念這個特別的時刻。笑聲充滿整個房間。當藝術家們穿上T恤，這一個簡單的舉動立刻把大家從一個個擁有不同觀點的個別藝術家，變成一個共同的創造單位。從這一刻起，整個團隊齊心協力，他們匯聚起來的能力比每個人個別的才能加總起來還多，朝向同一個目標貢獻個人力量。造橋的第二階段屬於蜜月期。來自歐洲、北美、南美、非洲和亞洲的藝術家們無不用「家庭」、「溫暖」、「獨特」和「奇蹟」等詞彙來形容他們的經歷。當木橋逐漸成形，沒想到在安裝前兩天，藝術家們才恍然發現，他們原先選錯安置的地點。幸好維賽帶領大家度過最後關頭，化解在科普魯當地重新安裝這座橋的危機，儘管雪花紛飛、手指冰凍，每個人卻依然笑容燦爛，最後這群藝術家完成這項艱鉅的工作。

「領導力不是告訴人們該做什麼，而是幫助人們達成一個共同的決定。」幾年後，當我們一同舉辦一場活動後，維賽對我這麼說。

真正的創新邊疆地帶

在我認識萊迪後不久，他就在世界木材日網站上看到這部紀錄片，他決定明年一定要參加。雖然他還稱不上是國際公認的木雕家，但他自認為有辦法說服維賽讓他加入。他做到了。二〇一六年，萊迪飛到加德滿都、第一次來聽我的課程。

抵達西藏後，萊迪與由維賽和分別來自愛爾蘭、冰島、約旦和澳大利亞的四位藝術家組成的先遣團隊直接驅車前往巴克塔普爾（Bhaktapur）。團隊成員先是研究地點，找到資源、工具，以及可以工作的地方。然而環境條件非常艱難。二〇一五年發生的強烈地震幾乎摧毀所有事物，但隨後印度封鎖更是使情況雪上加霜。當地水質惡劣（先遣隊已經養成了喝「很多糟糕的啤酒」的習慣）、食物大多受到汙染（我們吃的還好，只是沒有水果、沒有沙拉，基本上都是咖哩，吃的時候很燙），空氣品質其糟無比。加德滿都是全球汙染最嚴重的城市之一。到了第三天，每個人都戴上面具。傳送到工作坊和旅館房間的電力每天只有十二小時。電力時斷時續，難以預測。

萊迪來到了一個真正的創新邊疆地帶。他和其他人不僅面臨著創造新穎、有價值之物的挑戰，他們還多了延續日常生活的煩惱。「我們的第一項大挑戰是找到可以工作的地方，」在萊迪回來後我們的第一次對話中，他如此解釋道。「我們最後找到巴克塔普爾王宮廣場（Durbar Square）附近的一座校園。校方同意讓我們使用操場，與其說是操場，其實只是一堆瓦礫碎石，而且我們必須清理空間、讓孩子們得以接觸我們的藝術創作過程，藉此作為租借場地的回報。」

整個團隊抵達後，便在王宮廣場周圍的小旅館和招待所安頓下來。維賽向大家解釋，就如同他去年在土耳其所做的事情，每個人要一起決定要做些什麼，專注在單一想法和設計，然後開始動手執行。「重點是，你不會指著最後成品的某個部位，然後說『那是我的。那是我做的。』假如你是位雕刻家，那麼其他人便負責畫些東西；你開始雕刻，之後離開，其他人則進來繼續完成，也可能在過程中改變作品的樣貌。我們為這個設計過程分配三天的時間。」維賽說。

這所學校裡的學生在校內幾乎沒什麼娛樂與玩耍的選擇，操場上唯一的設備就是一個小型金屬溜滑梯。於是團隊很快決定，他們的作品將是一個送給孩子們的遊樂設施，讓大家可以攀爬玩耍。維賽將團隊分為四個小組，遞給他們紙張，然後開始整個設計流程。「到了第二天結束時，每個人互相較量的想法都被消化吸收，最後形成一個共同的願景。毫無疑問，這是整個過程中最有趣的部分。從一開始，我們就強調所有的想法都可以攤開來討論。當然，這其中還是有滿多很不成熟的構想，但重點是，最好的創意往往是經由一個非常糟糕的構想反覆修改三、四次而成。」

他們決定用一連串三角形的框架做一個雕塑，孩子們可以穿梭其中、爬上爬下；堆砌的雕刻磚塊則是以學生手印製成，還有一個木製框架，上面有織網、竹鈴，以及孩子專用的台階。「我們用一個小時的儀式為這些工具祈福，作為整個流程的開始，由五名尼泊爾雕刻師主持，」萊迪描述道：「他們說要獻祭一隻山羊，將血灑在工具上，以保護我們所有人，但出於對西方風俗的尊重，他們沒有這麼做。第一天我走在一根橫梁上時，不小心撞裂頭皮。其中一名尼泊爾人說，如果當初我們獻祭山羊，就不會發生這樣的事了。」最後，團隊完成兩座遊樂設施雕塑，然後在加德滿都舉行慶祝儀式後，成員們飛回各自的家。

二〇一六年夏天，聽著萊迪的分享，我被他的協作創造者體驗的力量所深深吸引。在缺乏長期承諾的情況下，創造者卻能藉此學習創造的美學維度，而這種長期承諾通常被視為重要事物產生的必要條件。在短短幾週內，他便已提煉出這種迷人經歷的精髓，這種經歷能引導一些人去實現需要耗費終生的創造性夢想。

快閃文化實驗室的運作方式

快閃文化實驗室的創造者同樣遵循「創造者循環」，但會依循一個明確的短期目標。在構思階段，創造者欣然接受共同目標和約定的規則。在二〇一六年加德滿都經歷的案例中，目標是為尼泊爾學院（Nepal Academy）製作一個互動性木雕，至於木雕的作用則由小組在頭三天內決定。兩位領導者雅各（Jacques）和希禮安（Cillian）管理整個構思過程，幫助每個人遵守規則並在規定時間內達成預期結果。

時間限制似乎有違於美學創造的理念。我們可以將寫一本書或設計一個房子視為自身生活的成品：該創造物某種程度上能代表我們，或者想像中的我們是何種樣貌。我們能感覺到，當完成一本書或房屋設計時，無意間也讓我們自己得以完滿，在現實出現的瞬間，夢想隨即消逝。但只要現實之美不被取代、持久存在，而且讓人安心，為了夢想，我們將盡己所能努力實現。即便如此，我們仍有束縛限制。有時是別人強加於我們身上，而有經驗的創造者則學會給自己限制。假設一名創作者想要完成一個夢想之家的窗戶設計，而為了估算玻璃藝術家的成本，可能讓他有機會練習決定要用哪一種窗戶，並模擬春天的陽光在何種角度下會帶來最好的日照。他的時間限制在「創造者循環」中設立的起始條件（起跑與終點線），這將鼓舞他並為他帶來更多繼續向前的動力。快閃文化實驗室在短期的過程中置入這種緊張感，藉由強調「創造者循環」的步驟，創造者因而能建立信心（通常這樣的信心需要多年創造經驗的累積）。

在這些條件限制下的構思階段，運用與第三章例子相同的方式，激發創作者的熱情和同理心。由於幾乎沒有經驗，創造者被賜予勇於逐夢的機會，與他人進行實驗，並傳達一個共同的夢想。他們一起承擔夢想所帶來的風險、忍受夢想可能失敗的危險，並有機會體驗美好的結果。強烈的好奇心和同理心也因而隨之增加。

木材日之所以成為一個情感強大的經驗，不僅是因為它成功使用這些技術（部分拜深思熟慮的領導者維賽之賜），同時也因為把所有人置於嚴格的約束之下，並制定全數人一致同意的遊戲規則。巴克塔普爾的嚴峻環境，就連基本的飲食、睡眠和呼吸等日常生活需求都難以滿足，進一步增強團隊之間彼此的相互依賴，並增加團隊的學習經驗。其他的快閃文化實驗室也可以見到這種情況。

鄉村工作室（Rural Studio）是奧本大學（Auburn University）為期已久的一項計劃，始於一九九三年。奧本大學藉由邀請學生構思、設計和實施低成本專案來滿足阿拉巴馬州西部的基本需求，以學習設計和建築知識。過去二十五年來的專案項目從棚子到房屋都有，也包括一個長期的專案目標：打造一個兩萬美元的房屋，不僅兼具安全和功能性，在美學上也極具吸引力。

鄉村工作室團隊通常有三到四名學生。他們整個學期一起工作，依循三個經典的「創造者循環」階段。跟木材日一樣，鄉村工作室也將創造者置於時間和協作規則的約束之下，包括具有挑戰性的環境，並鼓勵團隊合作與想法融合。

其他富有草根創造者運動精神的許多協作文化實驗室，也都依照鄉村工作室的模式運作。其中有些是教育專案，如俄亥俄州立大學（Ohio State University）的「為九〇%的人而設計」（Design for 90）[1]活動；有的是志願者服務，如費城的「社區合作設計」（Community Design Collaborative）或是國際仁人家園（Habitat for Humanity International）；也有的是服務社群的設計公司，如新加坡的Shophouse & Co。每個團隊都會有一位領導者，通常都是在全新或具挑戰性的環境之下，在議訂的規則和緊湊的時間限制下指導創意的流動與進行。為了教育或人道目標，志願者、學生和專業人士共同努力實現成果。他們完成整個歷程的體驗，還想要再經驗一次，就像萊迪一樣。這個過程不僅值得，成功後往往會激發再次嘗試的熱情，並為創造者建立起難能可貴的聯繫。由於快閃文化實驗室的構思階段效用強大，一些實驗室已將此設為他們的首要目標，如「歐萊禮之友科學營隊」（Science Foo Camp）。這是由歐萊禮媒體（O'Reilly Media）所舉辦的邀請制聚會，每年邀請二百五十位科學家、工藝師和發明家參加。該活動在加州山景城（Mountain View）

的Google園區舉行。目標不在於創造，而是分享想法、培養熱情，以及營造新的協作關係。

在實驗階段，創造者會在工作坊、廚房或線上協作網站上製作東西。領導者的工作，便是使團隊依循商議決定的目標和時間軸共同合作。

實驗製作階段獎勵直覺、天真，以及培養和實踐謙卑，如第四章所示。創造者藉由把每一天的日程安排建立在前一天的結果之上，有意識的打造自身未來。創造者明白自己有可能失敗，也深諳失敗所帶來的代價，但這反而能促進清晰的思考和合作機會。當時機成熟，創造者會與大家分享自己的發現，並根據其他人的反應稍微改變作品，正如萊迪所說的：「成功的創造者並非沒有任何差勁的想法，相反的，還令人意外的多呢！」

有許多快閃文化實驗室正如雨後春筍不斷冒出，並依循類似的協定。「美食靜

❶ 譯註：旨在為學生提供一個參與協作學習環境的機會，運用其在課堂上所學的技能來為社區內的弱勢群體服務，解決複雜的現實問題。

修」（Eat Retreat）是一個為期四天的美食愛好者聚會，與會者包括廚師、美食作家、企業家和農民，他們圍繞在營火四周，不斷激盪想法，幫助自己做出更美味的食物和飲品。美食靜修的與會者共同創造，藉以學習能幫助他們烹飪更上一層樓的新技術。當整個團隊一遍又一遍以新的方式烹煮新食材，促使他們在短時間內不斷創造和測試，也會產生一種強大的體驗，使得天真、直覺和謙遜由此而生。美食部落客暨參與兩屆美食靜修的亞當斯（Rachel Adams）表示：「這個經驗大大的改變我在烹調與處理食物的方式，以及我的飲食生活方式。」

展示階段獎勵美學智能以及對完美的執著追求。拜二〇一六年的木材日之賜，創造者得以展示他們在尼泊爾學院為加德滿都的孩子們所做的成品。木材日的創造者們從自身文化及其工作的亞洲環境中學習當地的美學詞彙。這個過程給予每位創作者與正在成形的創造物之間有了個人連結，藉由展示並說明他們的作品，也開始一場與大眾間的對話。

展示可以有很多種不同的表現形式。比方說，協同小說寫作需要三位或三位以上的作者共同創作一個故事。隨著網際網路和多人線上角色扮演遊戲的興起，因而產生愈來愈多創新作品。實際上，協作小說可以追溯到文藝復興時期，當時在劇本和故事的創作中，協作似乎是一種規則，而非例外。文藝復興時期的英國戲劇以協同小說創作而聞名。《湯瑪斯摩爾爵士》（*Sir Thomas More*）是莎士比亞和穆戴（Anthony Munday）及其他作家合力完成的作品；莎士比亞的其他作品，如《終成眷屬》（*All's Well That Ends Well*），也屬於協同小說創作，最近的研究發現，該作品有可能是與米德爾頓（Thomas Middleton）合作，米德爾頓可能也有參與《馬克白》（*Macbeth*）的寫作。協同寫作也可用於學習和社區參與，例如榮獲二〇〇八年TED獎的作家艾格斯（Dave Eggers）與人共創的非營利組織826 National❷，或是創作一部引人入勝、情節不斷發展的小說。如今，協作小說很少以創造實際的商業作品為目標，絕大多數要歸因於協作過程的不可預測性，以及當前商業市場鐵面無情的本質。無論是創造宇宙的線上網站如*Epic Legends of the Hierarchs*；多人線上角

❷ 譯註：艾格斯二〇〇二年與人共同創辦非營利機構826 Valencia，於舊金山教會區開設少年寫作課程與課業輔導班，後於七個美國城市創設姊妹機構。

色扮演遊戲如《龍與地下城》，以及線上協同編輯平台如Google Docs，都可見協作小說的論壇或文化實驗室蓬勃發展。

任何形式的協同創造，對於重塑我們周遭的世界都至關重要。無論是埃及的吉薩金字塔（Pyramids of Giza），或是今日Google的搜尋引擎，人們在製作和完成作品過程中的通力合作，一直是決定作品規模、範圍和永續性的關鍵。製作電影、服裝、食品、汽車、書籍，以及無數其他的商業和文化產品的組織，其合作方式與我在此描述的情況不同。在草根創造者運動中，人們聚集在一起並非為了得到工資或趕在公司設定的期限內完成工作，而是為了創造美好的東西，純粹只因為他們想要這麼做，只因為這麼做能使他們快樂。他們往往不計任何報酬，心甘情願的投入生產；他們不辭辛苦，願意去到偏遠的地方服務，其動機往往出自於人道主義、培養創新技能，還有其他對他們有利的動機（如圖15）。在與幫助、教導和激勵他們的人合作的同時，他們也以其獨有的方式表達自己，藉以建立友誼和有意義的社群，並學習如何在如今的工作環境中堅定繼續向前。

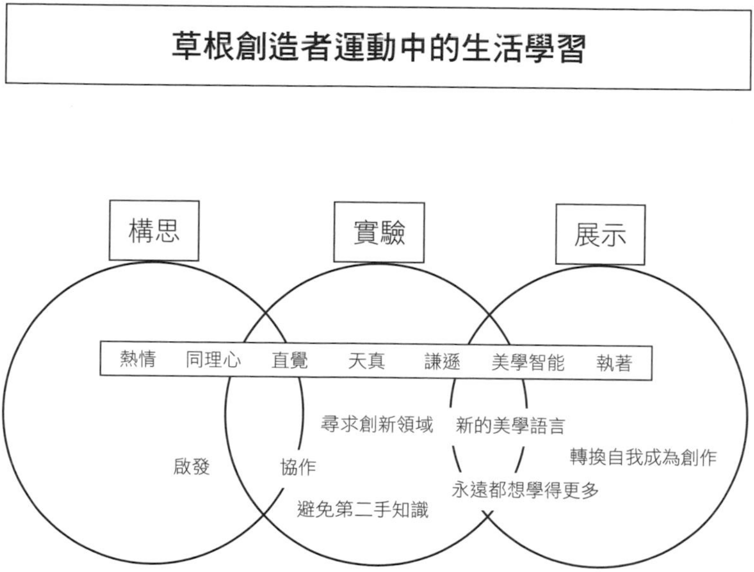

圖15：實現草根創造者運動的快閃文化實驗室，能充分展現人類自發生產的動力，重塑人類理想工作的模式與樣貌。

©Bob Roman/PaneVerde Design and Technology

一般人的工作場所

根據全球健康研究所（Global Wellness Institute，自一九七〇年代末期由美國成立第一個國家健康研究非營利組織）的資料指出，全球三十二億名工作者中約有三八%的人在工作中感到壓力，五二%的成年工作者超重或肥胖，七六%的工作者與心理問題奮戰。曠職為美國經濟帶來約一千五百億美元的損失，但遠不及怠工問題那般令人擔憂，也就是說，雖然工作者人在工作崗位上，但因為個人因素造成生產力低落。根據統計，怠工每年給美國生產力造成的損失高達一・五兆美元。

那些缺乏熱情、無精打采、無法充分表現的員工，與GCM的文化形成明顯對比。GCM的創造者甚至會自掏腰包，只為了爭取從事自造者工作的機會。也因此，世界上的一些頂尖企業開始從GCM中找尋靈感。二〇一七年春天，IBM成為第一家將員工搬到紐約市一棟由共享辦公空間公司WeWork營運的大型公司。諸如WeWork這樣的房產公司，或是新英格蘭的新創企業Workbar，在重新設計工作場所時，都向GCM的快閃文化實驗室的方法論中取經。他們試圖增加任何有助於構思、實驗和展示的事物，並降低妨礙創作過程的所有障礙。協作共享的工作場所，能讓所有人輕鬆擁有一個實用的辦公空間。

今日許多工作場所也常設在高度GCM集中化的環境中，包括舊金山、香港、紐約、倫敦、阿姆斯特丹和波士頓，形成令人讚嘆的草根創造者網絡，由來自不同領域和背景的草根創造者所組成，從個人作家到企業家團隊都有。儘管這些創造者彼此之間的工作內容毫無共同之處，但在協作共享空間之下，這些創造者和企業家受益於那些重視創造者循環的人的存在。協作共享空間旨在藉由透明的隔間、公共空間及便利設施、各種社交活動（如每週的歡樂時光、集體做瑜伽等身心活動），以及訊息活動（如促進構思、實驗和展示的談話），來增加人們之間的即興相遇。

第三種創造之路正日漸普及，從我在哈佛的教室到IBM的工作場所，都可見到快閃文化實驗室的影子。但是，這些令人驚艷和興奮的發展不僅創造能夠持久改變我們思考和生活方式的事物，它們同時也需要「活化」（activation）創造者進程（下一章將詳加介紹）。活化能將快閃文化實驗室轉變為創造遠景所需的永續性環境，類似於今日許多頂尖創造者的家。

第七章

文藝復興之火

長時間沒有變化的事物，就如同鋪滿大量枯萎植物的乾燥土地，自然處於一種脆弱的平衡狀態。每新落下一片枯葉、每多一天沒有降雨的日子，都在累積改變的可能。於是在某個時刻，偶然的火花化為熊熊烈火，傾刻吞噬整片大地，將樹葉及其他植物轉化為土壤中的養分，如鉀、鈣和磷等，為下一批植物創造良好的生長環境。這火花就像是科學家所謂的「活化能」（activation energy），也就是促使化學反應發生的那股力量。

歷史上的文藝復興正是在這樣一場火花與大地的交互作用下誕生。一四五三年，東羅馬帝國首都君士坦丁堡陷落，整個歐洲面臨空前危機。歐洲人所遭受的威脅，不僅是鄂圖曼帝國隨時可能軍事入侵，更因為百年來的戰亂破壞原有的貿易路線，使得歐洲產品失去穩定的市場，而東方的的產品（如香料）價格飆漲。為了維持生存及以往的生活水準，義大利人和其他歐洲人不得不更加關注整個世界，進而發現通往東方的海上貿易路線，開創出新的產業模式。

在此同時，科學和工程領域也出現嶄新的變革，例如布魯內萊斯基（Filippo Brunelleschi）在工程技術上的創新，以及伽利略和哥白尼的科學發現。在藝術領域也出現重大創新，像是米開朗基羅和達文西的作品，改變了人們對於生死的看法。

這些創造從何而生？他們的不朽之作，都是在贊助者的支持下孕育而生。必要的支持與贊助，就像是促成化學反應發生的「活化能」，是創造重要事物的基本要素。下面就來說說布魯內萊斯基的故事。

乾柴、火花、氧氣

布魯內萊斯基經常被稱為「文藝復興首位工程師」。一切都靠自學的他，不僅是工程領域的先驅，同時也是頗有成就的數學家、藝術家和建築師。布魯內萊斯基大約在一四一五年提出線性透視（linear perspective）原理，成為整個十九世紀藝術史上圖像呈現的基礎。一六〇九年，伽利略第一次透過自己發明的望遠鏡觀察月球表面，並應用線性透視原理來計算月球上山丘的高度，進而揭開現代科學時代的序幕。

布魯內萊斯基透過一系列的設計實驗，最終完成他最著名的作品：聖母百花大教堂（Florence's Santa Maria del Fiore）的圓頂。這個作品是來自佛羅倫斯的建築委託案，委託人有巴巴多里（Bartolomeo Barbadori）、帕齊（Andrea Pazzi），以及最後促成義大利文藝復興的梅迪奇（Cosimo de' Medici）。梅迪奇是銀行家，掌管教皇和整個羅馬天主教會的資金，當布魯內萊斯基破產時，就是由梅迪奇提供資金，才讓聖母百花大教堂得以順利完工。

我們或許很容易得出這樣的結論：唯有像梅迪奇這樣資本雄厚的銀行家族，才能促成義大利文藝復興的誕生。但另一個更為重要的事實卻經常被人忽略，那就是：究竟什麼才是真正引發文藝復興的關鍵因素？

以布魯內萊斯基為例，他的天賦之所以被激發，是因為滿足以下三項條件：首先，他畢生致力於美學創作；第二，他在創作過程中受到一群贊助者（姑且稱之為「推動者」）持續性給予支持；第三，佛羅倫斯這座城市的文化原本就充滿各種可能性，因而陸續培育出藝術家多納泰羅（Donatello，布魯內萊斯基的好友）、米開朗基羅和達文西等傑出的創作者。佛羅倫斯就像是一座文化實驗室，它不是本書第六章說的那種「快閃實驗室」，而是我們在第三、四、五章所描述的以夢想為推進器的「夢想實驗室」。

想要重現文藝復興的燦爛時光，就得引燃能發揮作用的火光。堅定不移的「美學創造者」就如同創造重要事物的乾柴；「推動者」的作用就像火花；而且有理想性、長期運作的「夢想實驗室」則提供氧氣，使乾燥木頭上的零星之火足以燎原。

遍地開花的草根性行動

對於十四世紀原本已經相當美麗的佛羅倫斯而言，贊助人對於藝術與建築創造者的資助行為，帶來的回報不僅讓眾人及後世擁有非凡美景的體驗，更重要的意義在於，透過實質的鼓勵來引領時代的變革。在那個時代，引領變革意味著不被變革拋棄。

聖母百花大教堂最初始建於一三世紀晚期，由坎比奧（Arnolfo di Cambio）將一座古老大教堂的廢墟進行改建。坎比奧過世後，在十四世紀由喬托（Giotto）和迪安布洛喬（Giovanni d'Ambrogio）等人的監督下繼續建造。到了十五世紀初，聖母百花大教堂整個工程幾乎就要完成，唯一缺少的是大教堂的巨大圓頂，這個圓頂的規模甚至比古羅馬的萬神殿（Pantheon）還要大，以至於當時沒人知道究竟該怎麼做。

布魯內萊斯基以直觀的方式，成功為自己爭取到這個建築案，當時他將雞蛋的底部切掉，然後將其叩立在桌上，來說明他解決這項難題的構想。後來他以四百多萬塊磚頭，成功完成大教堂圓頂，創下工程學和數學上史無前例的壯舉。可惜的是，他並未留下任何建築計畫書或設計圖。

因為擁有美學創造者、開明的推動者，再加上佛羅倫斯這個具有願景的夢想實驗室，最終促使佛羅倫斯及其他歐洲城市陸續設置起學校、孤兒院、印刷機，以及西斯汀禮拜堂（Sistine Chapel）等重要事物。

屬於我們的現代文藝復興，也正以類似的方式活化中。只是今天的創造者不僅有布魯內萊斯基那樣的少數天才，更有數量更多且無處不在的草根創造者；而推動者也不只是富可敵國的「梅迪奇們」，還有所有民間的草根推動者。

事實上，除了透過草根復興之外，我們實在很難想像還能用何種方式推動一個廣泛且為大家所共享的復興盛世。回顧十五世紀時，儘管古騰堡、達文西和布魯內萊斯基已經帶來諸多燦爛的文明成就，但當時大多數歐洲人對未來的想像，和過去的人們並沒有什麼不同，他們主要關注的是日常的飲食與健康，或是如何從一個村莊遷徙到另一個村莊。那時的天主教會機構確實面臨一些威脅，社會價值觀也逐漸演變，然而人類社會發展的本質基本上和過去一樣。然而，今日的情況大不相同。我們看到人類的生存條件和生活方式因科技的推陳出新而劇烈變化，擴增實境、機器人和人工智慧，往往以間接的方式型塑我們的社會習俗，以及對未來工作的想像。

重塑文藝復興的生活方式與其說是今日發明新事物所應具備的特質，還不如說是從昨日繼承下來的珍貴價值，這意味著創造新事物不僅是「商業創造路線」與「文化創造路線」兩種方式，更要透過「第三條創造之路」締造源源不斷的創新。

為了讓未來成為你我想要的未來，不管我們將會面臨糧食匱乏、氣候變遷等一連串全球永續性挑戰，我們都需要像本書中提到的那些創造先驅一樣，學習在瞬息萬變的環境中設法解決問題，為社會找到永續成長的解方。

草根式參與的力量

今日的草根性參與隨處可見。參與者不僅是創造者本身，還包括其父母、朋友和伴侶，他們不只以實際的金錢資助創造者，更提供情感支持、時間及物質資源，藉此幫助創造者實現個人抱負。甚至還能透過分享來呼朋引伴，鼓舞更多人共同推動與實踐創造者的夢想。

我的兒子拉斐爾（Raphael）是一名敏銳的觀察者，他在上中學時就夢想要拍電影。我和妻子買了台相機給他，並在一旁協助他深入思考各種電影計畫，我們甚至偶爾還會親身參與他的拍攝。拉斐爾十六歲時開始對人體的運作感興趣。他因為發育太快，膝蓋出現一些問題，於是對創造出能幫助身障人士的發明很有熱情。身為父母的我們在一旁看著孩子發掘出自身對世界的熱情，真是再興奮不過了！隨著他的夢想持續演變，我們唯一能做的就是提供百分之百的支持。草根式參與就是這樣運作的。

天使投資（angel investing）也是草根式參與的一種方式。天使投資源自對百老匯戲劇演出的贊助，隨著草根創造者運動的崛起，天使投資也跟著穩步成長。今日天使投資投注到美國經濟的資金，已經與所謂的創業投資（venture investing）一樣多。創投是遵循更能預測的投資指導方針，目標是在可預見的時間內獲得豐厚的獲利。今日，天使投資人的投資範圍廣泛，從在群眾募資網站上每個月一美元的投資，到把時間和金錢投注在學生、企業家、藝術家、廚師、設計師、科學家、工程師和志願者身上的投資都有。

正如同科恩（Brian Cohen）在暢銷書《天使投資人的忠告》（*What Every Angel Investor Wants You to Know*）中提到，過去幾年間，天使投資的興起要歸功於兩個基本原因：創造新事物所需的成本和時間持續下降，同時有愈來愈多資源可以取得。科恩指出，在天使投資人投入的所有資源中，沒有什麼比所謂的「親密感」（intimacy）對成功更為重要。科恩表示，在成功的天使投資中，創造者和贊助者間「需要隨時保持密切的關係，而不是只在蜜月期才有良好關係。這種透過創造者期望與天使投資人願意提供的師徒關係（mentorship），顯示出彼此間的互惠關係。」

相較於天使投資，群眾募資與創造者之間則較缺乏親密感。群眾募資可追溯自十九世紀建造自由女神像基座的利他主義運動❶。第一個群眾募資網站ArtistShare出現在二〇〇三年，緊接著是二〇〇八年的Indiegogo，以及二〇〇九年的Kickstarter。但上一章已經提過，創造者一般很少求助於群眾募資網站，即使他們需要幫助，也會迅速轉向能提供如科恩所說的具有親密感的贊助者支持形式。

沒有密切參與的天使投資人，創造者的夢想就像是只有火花的能量，卻缺乏氧氣的助燃，因此無法發光發熱。儘管群眾募資是目前草根創造者運動重要的資金來

❶ 譯註：法國在一八八六年將自由女神像送給美國，然而修建自由女神像站立的基座需要非常龐大的資金，最後美國是向眾人募款。

源，但根據二〇一五年的統計數字，世界各地的群眾募資投資總額約為三百四十億美元，而同年全球創投的投資金額約為一千四百一十億美元，這表示草根創造者運動在很大程度上與長期的變革性創新無關。然而群眾募資仍然可以創造出有意義的東西，自由女神像就是一個絕佳的例子。有錢能使鬼推磨；為了完成某些事，金錢通常很有用。但是，除非出現像自由女神像那樣的特殊情況，否則群眾募資很難比草根式參與更能促進美學創造。

短暫的創造如何變成終生渴求的夢想

麥克吉爾（Terry McGuire）擁有達特茅斯學院（Dartmouth）工程學位、哈佛大學ＭＢＡ學位，以及幾年的創業經驗。一九九六年，他創辦北極星創投公司（Polaris Venture Partners）。隔年，他偶然看到我在《科學》雜誌上發表的吸入式胰島素文章，想和我討論離開學術界創辦一家公司的可能性。麥克吉爾的邀約讓我受寵若驚，但同時也讓我感到不安。當時的我很滿意學術生涯，也能預見自己的未來，卻因為他的邀約使內心開始動搖，不斷思考著：我是否要因此而放棄安穩的學術工作，拿自己的職業生涯當賭注，探險看看這個構想是否會成功？在一般人眼裡，這實在是再愚蠢不過的事了。

麥克吉爾來賓州州立大學（Penn State University）找我，那時我在那裡教書。他為人從容自在、聰明、善良，而且令人安心，是我很樂意認識的那種人。他邀請我去校園裡的冰淇淋店，我們買了兩支冰淇淋，在戶外的座位坐下。麥克吉爾問我：「好，我們的商業模式是什麼？」這是個很有技巧的提問，他明明知道我全無頭緒而且內心已經動搖。麥克吉爾已經在用一種奇特的方式，想要誘使我離開學術界。

「通常的情況是，你已經發明一種藥物，或是你已經擁有一個設備。但這兩種東西你都沒有。」他停頓了一下，刻意讓我明白這個令人沮喪的現實。接著他說：「不過你有一種很酷、別人都沒有的多孔微粒。所以你的生意就像是要把人送上太空一樣。這時你需要什麼？你需要優秀的太空人（也就是藥物）、你需要太空船（也就是藥物傳導設備），同時你還需要火箭。而你已經發明出最好的火箭。」

「胰島素充其量只是太空人，」我回答。「我們也可以派其他人上去。太空船也不是問題，我們有各式各樣的太空船可以用。」

「所以……你能製造出足夠的火箭嗎？」他用期待的眼神看著我。

我指了指冰淇淋店。「看到這個地方沒有？他們需要用到大量牛奶。我有把握能用他們製造奶粉的設備來製造多孔微粒，就看你需要多少公斤。」

當時我持續投入其中，但仍不確定自己是否想離開學術界去開創一家公司。但麥克吉爾透過我所熟悉的創意過程，以及我所在意的構想，成功激發我的興趣。幾個月後，在學生的幫助下，我找到大規模生產多孔微粒的方法，於是我們的公司就此成立。麥克吉爾是很棒的顧問，他幫助我學會從新創製藥企業的角度思考，成功建立夥伴關係並完成資金募集。

後來我們將公司出售，隨著科技泡沫的破滅，生物科技新創產業狂潮也跟著逐漸消退。整個產業聚焦在明星熱銷產品。同時，健康照護研究者也將關注焦點轉向缺乏商業利益市場的傳染病預防與治療。之所以發生這樣的轉變，一部分是因為蓋茲基金會（Bill & Melinda Gates Foundation）致力投入改善全球健康照護；另一部分則是媒體開始關注一九九〇年代末期以來，財富成長所帶來日益加劇的不公平現象。

在當前的全球健康照護趨勢下，我現在想知道的是，麥克吉爾帶領我走過的路是否暗示，我可以採取一種不需要藉由商業模式也能產生效果的改變。當時，希基（Tony Hickey）是北卡羅萊納大學（University of North Carolina）的藥學教授。他和我一樣曾經研究過霧化吸入式藥物傳遞。我在一場國際會議上聽到他的演講，內容主要是分享在開發中國家利用吸入式抗生素治療肺結核的經驗，以及他如何試圖解決毫無經濟誘因市場中的健康照護問題。這項工作對全球人類健康至關重要，但在正常的商業創新模式下顯得毫不起眼。他是位貨真價實的創新者，只是走的路和別人不一樣。希基所展現的體貼和慷慨，喚醒沉睡在我心中的一個夢想。

當蓋茲基金會發起「全球健康重大挑戰計劃」（Grand Challenge program in Global Health），號召全世界人士針對十三項重大衛生保健需求提出解決方案時，我提出一個想法，希望將我開發的吸入式胰島素技術帶到開發中國家。這項技術在三年前被愛爾蘭製藥公司奧克美斯（Alkermes）收購。我詢問奧克美斯的執行長，我們是否能努力爭取在開發中國家運用這項技術，因為這項專利在開發中國家並沒有市場。但事實證明，現實遠比想像中複雜，甚至完全不可行，因為當開發中國家出現功能相似但價格更低的藥品，將會破壞已開發國家的市場行情。

無論如何，我還是受希基的例子激勵，繼續推動這項計畫。約在那個時候，我鼓勵一群哈佛大學的大學生成立一個非營利組織，發明出一種科技技術，將結核病藥物和疫苗帶到開發中國家。我的學生找到一個去南非旅行的方法，在那裡認識一位名為傅立葉（Bernard Fourie）的科學家。他是世界著名的結核病學家，屬於南非最早的胡格諾派（Huguenot）教徒後裔家族的一份子。最後，我到了南非與傅立葉會面。幾年後，他成為我們在南非首都普利托利亞（Pretoria）的非營利組織「必要醫學」（Medicine in Need，簡稱MEND）負責人。

那些年，基於MEND的科學研究之便，我認識一位結核病學家古德菲爾德（Anne Goldfield），她介紹我認識《時代》雜誌攝影師納赫特韋（James Nachtwey）。古德菲爾德跟我說，納赫特韋到她位於柬埔寨的結核病診所拜訪，改變她經營這家診所的方式。經由一位世界頂尖戰地攝影師的鏡頭觀察她的病人，成功幫助她「成為一位更好的醫生」。納赫特韋和古德菲爾德都表示，健康照護的未來仰賴的並不只有科學和技術，還需要藝術和人文。當我在巴黎創辦「實驗室」

時，第一個展覽便是展出納赫特韋的攝影作品，記錄古德菲爾德在臨床工作上與臨終病人的互動。

十年後，一種原來只是向肺部輸送胰島素的特殊顆粒，變成一個數位健康平台，利用氣味訊號刺激嗅覺受體（olfactory receptors），調節神經狀態和新陳代謝。這樣的創造物是在多樣化且不間斷的草根參與中產生的。

大多數堅持不輟的創業歷程都是如此，都是經由一步一步的合作累積而成。當我們試圖從草根創造者運動的短暫經驗中建立長期的創造性經驗，藉此產生改變時，我們需要其他人的參與。當我們遵循前兩種創造方式進行創新時，我們可以清楚指出對學習、商業、文化或社會所創造的具體價值。但如果我們以第三種創造方式進行創新時，我們總是以什麼東西能引人入勝、引發思考，或是某種程度上是美麗的為依循標準。這需要高度的專注和奉獻精神，也使得創造者特別需要其他人的支持。推動者就是要提供這種支持，正如同義大利文藝復興時期的贊助者一樣。

今日，任何人都可以是推動者。在我多次投入創造發明的過程中，身邊有許多人都扮演著推動者的角色，但或許沒有一個人可以像巴齊塔（Jim Buzzitta）那般與我有著密切的連結。

推動者：給予創造者追尋夢想的勇氣

巴齊塔是西密西根善於社交的醫生暨健康照護的領導者，他的祖父是義大利移民。老爸在社區大學教授有機化學時，巴齊塔是其中一名學生。我在十二、三歲時見過他幾次，之後就失去聯繫。二〇一三年，我在美國發表第一款噴霧式食物產品爆發公關危機，參議員舒默（Chuck Schumer）召開記者會要求美國食品藥物管理局（ＦＤＡ）展開調查。雖然最終我們滿足食品藥物管理局的所有要求，但成為公眾焦點帶給我們極大壓力，對我而言更是前所未有的經驗。

那時老爸得了敗血症。他接受肺葉切除手術，心臟上有個洞，還有肺癌擴散的跡象，住在加護病房中。我在巴黎家中的廚房中，用接Skype受ＡＢＣ新聞的採訪，然後直接跳上飛往邁阿密的航班、租了輛車，沿著海岸線開到聖奧古斯丁（St. Augustine）的弗拉格勒醫院（Flagler Hospital）。醫師說有感染的可能，因此我徹夜守在老爸病床旁。隔天，當我陷入昏沉無力之際，巴齊塔從密西根飛了過來。

我們一起在病床旁待了幾個小時，之後到醫院附近散步。我來佛羅里達是為了幫忙處理父親的醫療和母親的焦慮及恐懼，但我同時也在與自己的情緒搏鬥。然而，當巴齊塔聊起他在學生時期跟我父親的往事，以及他從父親身上得到影響一生的啟發，頓時給予我滿滿的力量。當父親的情況開始好轉時，巴齊塔提議要帶他的兒子傑克一起來巴黎找我。後來他們來了，也意外開啟我們日後合作的契機，他後來協助完成我所設計的數位健康平台。

我的工作讓我長居美國，與遠在法國的家人分隔兩地，讓我常感孤獨與寂寞。現在我在麻省理工學院旁邊開了一家餐廳，我常坐在裡頭工作，周圍滿是不認識的陌生人或認識的朋友，偶爾還會看見二十五年前學生時代認識的人。我在巴黎展出的發明，都是文化創造的產物，比如味覺噴霧式巧克力，或是以巧克力和焦糖包裝的香草冰淇淋，現在在新英格蘭的餐廳和商店都買得到。當我發明的東西愈來愈多時，我感覺自己也有一些改變。

我太太奧蕾莉在巴黎市中心管理一間腎臟生理學的實驗室。她簽了五年的合約。當她做出這項決定的同時，我們想像著未來便要無限期待在巴黎，或許就這樣過一輩子。然而隨著我的發明商業化，拜我的天使投資人朋友薩布里爾（Bernard Sabrier）之賜，所有的資源都來自大西洋的另一端以及瑞士，於是開啟我經常往返於巴黎和美國的生活模式。致力於新事物的同時，意味著我需要花更多時間在美國的推動者網絡上。這樣的情況對奧蕾莉很不好：她的合約還剩四年，而她的丈夫遠在千里之外。

她最初的打算是，在二〇一五年春天，也就是我在劍橋創辦「實驗室」數個月後，她會在我們最小的孩子高中畢業後搬到波士頓，那時她的實驗室管理工作已經結束。在我們婚後的頭幾年，她犧牲自己的事業機會，只做兼職工作，最後終於在巴黎得到這個不可思議的機會。如果她放棄，可能也找不到類似的機會了。若要她提前結束合約，對她來說並不公平，但同時我也懷疑自己能否撐過這幾年與家人聚少離多的過渡期。我受挫而迷惘。突然間我意會到，在出售夢想（讓發明商業化）的過程中，我可能無意間也出賣了個人生活。

二〇一五年春天，在我生日當天，我獨自在波士頓港的船上漂流。在我的家人全都住在巴黎的那些年裡，我大多數的時間都待在這裡。悲傷之情頓時湧上心頭，這對我來說很罕見。我在三個兒子上高中的關鍵時期，不能陪在他們身旁，這讓我感到內疚傷心，沮喪到內心幾乎無法承受。當天我打電話給巴齊塔。他說了一句讓我印象深刻的話：「永遠以家人至上」（Sempre famiglia）。巴齊塔離過婚，他告訴我就算碰到這種情況，也會撐過去的；沒有什麼人是完美的，我們所能做的，是讓自己的生活變得更好。過去二十年的種種在我腦海裡翻騰。一時之間，我還無法在心理上區分個人生活與職業生活。

在接下來的幾個月裡，我每週打電話給巴齊塔，不管何時他都會接我的電話，甚至特地跑來看我。後來我開始調整生活。首先是大兒子傑羅姆（Jerome）搬來波士頓，在二〇一五年的秋季開始他高中三年級的生活。我們也計畫讓奧蕾莉和另外兩個兒子於隔年夏天搬過來；雖然當時我和奧蕾莉都不確定最終能否成行，我們每個月都為此掙扎不已。與大兒子一起生活的經驗也對我產生一些神奇的改變，大多數晚上我們會一起用餐；有時我們會在客廳一同讀書、看橄欖球賽，我們彼此之間的關係比以往都還要親密，甚至能向對方誠實說出自己的感受。我的生活逐漸回復平衡。

因為巴齊塔的友誼，讓我停下來發現對我來說生命中最重要的事情，並做出正確的決定，更讓我和奧蕾莉重新找回以往的默契。巴齊塔不僅是我在創意發想時的靈感激發者，也是我生活中的教練，在我扮演各種角色時，無論是作為一個兒子、一個父親，或一個丈夫，他都給予我誠懇的建議與支持。在他寫給我的訊息結尾，總是署名「愛你」（Love you）。

美學創造根源於個人內在經驗，要加以說明就已經十分不容易，要讓人理解更是難上加難。創造過程所面臨的挑戰、最終為世人帶來的價值，往往很容易被忽略。推動者的存在，能夠扭轉這個窘境。早在創造結果的價值浮現之前，他們就已經長期投入關注與支持。

推動者給予創造者追尋夢想的勇氣。當他們這麼做的同時，快閃實驗室就變得很受期待。他們發展的商業模式，能夠協助創造者獲得資源挹注，逐步往夢想的實現邁進。一如同鬥牛犬餐廳幫助阿德里亞；Origin 幫助蓋瑞特；美國劇目劇團幫助鮑魯斯，推動者的行動深具文化價值，讓創造者得以反覆在創造者循環中學習。

我們為何要創辦夢想實驗室？

就如同「快閃實驗室」一樣，「夢想實驗室」能孵育出第三條創造之路，促成各種創意點子、實驗和展覽，不僅如此，「夢想實驗室」更在意創造者所重視的事物，並幫助其他人與創造者產生共鳴。

就像先前提到完成聖母百花大教堂的圓頂的布魯內萊斯基。年輕時的他曾與朋友到羅馬研究古帝國廢墟多年，因而燃起復興古羅馬建築的熱情。等他回到摯愛的家鄉佛羅倫斯後，他先贏得羊毛紡織行會（Arte della Lana）主辦的正式競賽，完成自古羅馬時期以來，建築規模最大、大到難以想像的聖母百花大教堂圓頂。在那之後的幾十年間，他收到來自世界各地的委託和支持，證實他的建築設計對世界至關重要。對於布魯內萊斯基而言，佛羅倫斯就像是點燃星星之火所需的氧氣，讓他創造出對世界重要的事物來。

「夢想實驗室」所扮演的角色，是將實驗室裡的創造之物「轉譯」為一般社會大眾可以接受的呈現方式。它提供組織、資金，以及與各種商業和文化中心的交流與聯繫，讓社會大眾更有機會認識創造者，參與並實現創造者的夢想。「夢想實驗室」可以是任何組織型態，像是公司、非營利組織、學術實驗室，甚至是政府機構，但是它與大多數公司、非營利組織與政府組織不同，它保有重申自己使命的自由，以確保夢想不被任何人扼殺。

美國第一屆政府就像是一個夢想文化實驗室。它由創造者領導，從《獨立宣言》宣示對英國王權的革命勝利，再到「巴黎條約」（Treaty of Paris）結束美國獨立戰爭，逐漸發展出創立民主政府的夢想。他們從舊有模式和當代治理理論中磨練出自己的想法，最終並透過管理第一批殖民的經驗予以實現。他們在美國憲法中將這個想法（民主政府）定位為一種藝術作品。然而，推選美國國父華盛頓（George Washington）擔任第一任總統並不能保證民主能長治久安。美國民主的形成，這個最終被創造出來的重要事物，在華盛頓總統任期結束後又經過數年的活化。從漢彌爾頓（Hamilton）的《聯邦論》（*Federalist Papers*）到林肯的蓋茲堡演說（Gettysburg Address），再到之後很長一段時間，美國政府之所以得以延續，乃是因為它能不斷隨著時代演化。

我的「實驗室」便是一種對大眾開放的特殊類型文化實驗室。誕生於二〇〇七年，就在第一條推文發布後不久，與歐洲另外兩個公共文化實驗室同時設立。這三間實驗室的立意都是以藝術和設計為媒介，與大眾一起探索科學。在倫敦，阿諾（Ken Arnold）設立衛爾康博物館（Wellcome Collection），展出當代藝術與醫學間的關係受到公眾關注，成為談論焦點；在都柏林（Dublin），戈爾曼（Michael John Gorman）開設科學畫廊（Science Gallery），在那裡，藝術和設計作品都是用來探索如奈米技術和人體組織工程等頂尖領域的研究。自從開放參觀以來，科學畫廊和衛爾康博物館已經成長並擴展到世界各地其他城市，「實驗室」也搬到美國。

在傳統的科學實驗室中，研究人員從專業的推動者社群（無論是同儕、公司企業、基金會或政府）獲得想法和資金。研究員和推動者一同探索，並將結果在同行社群中發表；或者是形成可獲得專利的構想，並將這些構想發展成能新的技術或新創事業。拜這個模型之賜，我們得以認識當前這個世界。

然而，科學實驗室模型所能處理的是一組已經能夠清楚定義的問題，若要研究未來所將面臨的廣泛性問題，則往往是行不通的。例如如果我們要探討「人們為何會對彼此做出可怕的事？」科學試驗室模型得將這個問題拆解成醫學、社會、政治等層面，並由不同專業的研究人員，分別提出藥物治療、科技技術、政府政策等多組解決方案。

我以傳統科學實驗室為模型，打造我的「實驗室」，在那裡完成我的發明。藉由這些發明、技術、產品和文化作品，最終會轉移到能為人們帶來恆久價值的地方。同時，在創設「實驗室」的過程中，我也深受「打造一個讓公眾參與的實驗室」這個想法所吸引。所謂的讓大眾參與，並不是指讓一般民眾充當觀眾，而是鼓勵他們真正參與其中。這樣才能確實處理一些廣泛且模稜兩可的難解問題，繼科學實驗室模型之後，生產出具有長期公眾價值的事物。

讓夢想實驗室成為每個人的佛羅倫斯

身為創造者，我們需要佛羅倫斯。然而佛羅倫斯卻是今日草根創造者運動中最缺乏的東西。更簡單的說，我們並不缺乏創造者，也不缺乏資源或善意來連接創造者們。我們真正缺乏的是能給予各地創造者帶來信心的氧氣和文化，讓他們相信自已認為重要的東西，對許多人也很重要，並願意朝向共同的目標，一同推動夢想。

自古以來，城市、地區和國家不斷為個人帶來充滿變化的文化。比方說，今日在美國各地，我們都有大型的「夢想實驗室」，無論是矽谷（資訊科技）、波士頓（生物技術）、好萊塢（電影製片）或紐約（百老匯劇院）。這些強大孵化器的創新改變顯然都有價值，但在草根創造者運動的時代，我們尤其需要草根式夢想實驗室。我們需要更多類似像福克曼這樣在頂尖科學實驗室的導師加入，更多類似像希爾斯這樣在實驗劇院的導師加入，甚至更多如我舅公一樣睿智的家庭人生導師加入。

矽谷改變了世界，一如歷史上的佛羅倫斯曾經改變世界。然而，隨著個人感知到周遭環境變化愈來愈快速，未來人類所面臨的挑戰與機會，也將愈來愈在地化及個人化。我們從全球數億則不斷響起的推特訊息通知中，不難看出這種草根交流的蛛絲馬跡。

第八章
文化、改變，以及希望

二〇一七年一個炎熱的午後，我來到位於紐約的聯合國祕書處，討論科學研究帶來的全球影響。我的妹夫杰奎德（Marc Jacquand）當時擔任聯合國祕書長古特雷斯（António Guterres）的辦公室顧問，他邀請我和保羅・艾倫創新科研集團（Paul G. Frontiers Group）董事史加拉克（Tom Skalak），一同拜訪聯合國助理書長霍奇查爾德（Fabrizio Hochschild）及戰略規劃主任鈴木彩香（Ayaka Suzuki）。霍奇查爾德擁有豐富國際政治及維和行動經驗，曾負責處理國際社會中最動盪不安地區的政治事務。我們的話匣子就是從聯合國當前處境作為開端。

霍奇查爾德皺著眉頭告訴我們，整體而言，當前的世界情勢看來糟糕無比。無論是在社會、政治或生態方面，人類世界正陷入空前的危機，然而聯合國仍深陷於敘利亞、葉門，甚至是被世人遺忘的塞普勒斯等地的衝突之中。多年前，聯合國提出的十七項永續發展目標（SDGs），包括終結貧困和饑餓、改善人類福祉、普及教育、實現性別平等諸多崇高目標，似乎愈來愈遙不可及，無論聯合國如何努力善用有限資源，人類仍在困境中苦苦掙扎。另一方面，基因編輯、人工智慧及新一代機器人等科技發展則在媒體報導下，被視為可能奪走人們工作、為人類帶來全面性的危機。面對未來，我們該何去何從？

我雙手環抱胸前，等著聽霍奇查爾德繼續說下去。然而，這時史加拉克開口了。創新科研集團是由保羅艾倫基金會贊助成立，基因編輯和人工智慧正是他們所積極探索的領域。史加拉克承認許多人將這些新科技視為對人類的威脅，但在他看來事實絕非如此：「今日發生在人類創新領域的事情莫不令人著迷，」史加拉克說，「我們生活在一個前所未有的知識自由時代，萬事萬物正等待人們盡情去探索。沒有人能保證所有創新領域都能產生有用的發現，但如果你過於擔心探索可能帶來的風險，而扼殺開創未來的動力，那麼我們將註定失敗。」史加拉克停頓了一會兒，繼續說道：「我們顯然需要水，也需要食物。但如果沒有希望，我們便一無所有。」

當時，我正在考慮於秋天舉行第一屆世界先鋒論壇（World Frontiers Forum）。這個論壇的構想，源自我、蘭格及奧希羅（Dennis Ausiello，麻省總醫院名譽醫學主任、同時也是哈佛醫學院個人醫學先驅）的一次談話。「實驗室」即將歡慶創立十週，我們想邀請世界各地的創新先驅者，共同探討十五個創新領域的未來。我們似乎比較容易想像在生物、交通、能源和氣候變化等方面的可能發展，卻很難想像關於食物的未來面貌。所以我們需要透過先驅者們在每一場創新領域的相互對話，帶領人們試著探索該領域未來發展的各種可能。

在此之前，我認為世界先鋒論壇能夠指引永續可行的未來夢想；但聽完史加拉克這番談話，更加確信此刻我們真正該做的，就是喚起人們對未來的希望。唯有對創造重要事物懷抱希望，我們才能有朝一日實現創新夢想，為人類社會帶來更深刻的影響。

實現一個能改變世界的夢想，或許需要耗費一輩子的時間，就像希利斯發明縮放手勢、奧克斯曼實現材料生態學（material ecology）[1]的夢想一樣。但若創造者缺少對未來的希望，那麼他們就真的失去實現夢想的機會。換個角度想，在實現夢想的這條路上，並非人人皆有十足的耐心，但擁有希望卻是每個人都可以做到的。

正當我們熱烈討論之際，鈴木彩香提出一個觀點：「到底誰應該在這個房間裡討論人類的未來？我們過去曾經相信，世界上的各個國家足以代表他們的人民發言。但現在已經知道那樣做毫無意義，各國政府並沒有啟動任何變革。全世界的人都應該進到這房間一起討論。」

這種「不納入所有的人，便無法對人類未來進行有效討論」的想法，讓我完全無法接受。即便我們有辦法讓所有人聚在一起，但我們究竟該討論些什麼？是機器人還是合成生物學？我們將會發現，光是要歸納出能讓所有人都覺得滿意的議題，根本是不可能的。人們每天接收著如潮水般洶湧而至、令人應接不暇的電子化資訊，然而這些資訊不僅未能扮演人與人之間互動的橋梁，反而讓人們接受片面的判斷和錯亂的邏輯，使得彼此間的距離更加遙遠。當社會出現如此眾多且巨大的分歧，將使得人們難以攜手共創未來。

創造者之所以能夠懷抱著希望，勇敢邁向茫茫未知的未來，驅動的力量來自稀有卻珍貴動人的創造體驗，就像是探險者在大海中經歷一場驚心動魄的暴風雨後，抬頭乍見寧靜廣袤的璀璨星空。創造所帶來的快感，與發現所得的驚喜息息相關。如何能身處混沌未知之中，卻仍對未來懷抱希望，需要創造者經歷多年的學習與美學維度創造的磨鍊。這也正是身為創造者的我們，需要彼此分享的事。

當面對不確定的未來，「懷抱希望」要比「創造出成品」更顯重要。

日常生活中，有許多事物能為我們帶來希望。有些距離我們很近、很容易便能實現，比方說打開電視或是與朋友外出；有些則距離我們較遠、需要事先縝密規劃，例如取得大學學位。當情況條件出現變化，或出於某種原因（例如罹患重病）使我們失去對未來的企盼，生活就會開始變得茫然未知，就類似自造者投入於創新領域時的狀態。

❶ 編註：由生物學（Biology）、材料科學（Materials Science）以及工程學（Engineering）交互而成的設計領域，以產出適合人與環境共生的可程式化計算材料為目的。

當這種情況發生時，許多人會直接一把抓住觸手可及的希望，忘了我們所面對的，是一個無限可能的未來。或許，我們可以主動採取行動，以謹慎的方式來表述新體驗，例如提出好問題、寫一首歌或開創一個新事業，藉此吸引別人的注意力，使他們停下腳步並喚醒他們。分享著彼此的創新經驗，我們也就開啟一種關於人類未來的對話方式。這也是今日世界所需要進行的對話。

鈴木彩香用來比喻展望未來的「房間」，事實上並不是一個房間，而是許許多多個房間。更確切來說，這些房間就是創造者與我們的交會之處，創造者分享令人經驗的經歷，而這些經歷深深的觸動著我們。房間中所分享的，看似不完全與創造有關，還包括暴風雪、市場崩盤、人類戰爭等各種其他經歷；但當我們閱讀斯托夫人（Harriet Beecher Stowe）所寫的《湯姆叔叔的小屋》（*Uncle Tom's Cabin*），或者聆聽法國國歌時，都是在體驗創造過程的結果。它們是經由創造者循環反覆更迭所產生的美學作品，推動著與明日創造有關的文化對談。

希望與文化體驗

在過去五年的聖沛黎洛（San Pellegrino）世界排名前五十名餐廳中，義大利頂級餐廳法蘭雀絲卡納始終穩坐第一或第二名的寶座。這間由世界頂尖廚師博圖拉所設立的餐廳位於義大利帕爾馬省（Parma）的摩德納小鎮，這裡同時也是博圖拉的家鄉，過去一直以生產汽車（法拉利、藍寶堅尼、瑪莎拉蒂等）以及義大利國寶巴薩米克醋（balsamic vinegar）與帕瑪森起司（Parmigiano- Reggiano）而聞名於世。

博圖拉和他的妻子勞拉（Lara）原本住在紐約，一九九二年時他到法國名廚杜卡斯（Alain Ducasse）旗下工作，自創出一道完全運用帕瑪森起司做成的實驗性菜餚，他的理念是期盼透過這道菜，為顧客帶來一種從未有過的帕瑪森起司體驗，同時感受起司在不同烹調方式下具有酥脆、奶油般光滑細緻，以及空氣般輕盈感三種不同口感。

多年後，博圖拉和妻子離開美國，一同回到摩德納開設餐廳，開始在自家餐廳引進這道自創菜餚。這時，博圖拉認識開設帕瑪森起司工廠的帕尼尼（Umberto

Panini），帕尼尼在品嘗這道菜餚後告訴博圖拉，帕瑪森起司的奇妙不僅在於不同烹調溫度下的獨特口感，事實上，不同的熟成時間也會為起司帶來截然不同的口感。博圖拉開始進行試驗，他花了將近二十年的時間不斷改良這道實驗性菜餚，於是帕馬森起司從最初的三種口感，轉變為四種，最後又拓展到五種口感。

二〇一一年，我和家人終於有機會一同到法蘭雀絲卡納餐廳用餐，也和博圖拉聊起我和布雷帝洛（Marc Bretillot）在「實驗室」正在開發一種特殊的闊底玻璃水瓶，並打算用它來製作「風味雲」（flavor clouds）的計畫。我們的構想是，人們能透過玻璃水瓶底部的超音波產生器將任何液體（無論是馬丁尼酒或番茄湯）啜飲入口。博圖拉很有興趣，心想或許也能用這個點子做一朵「帕馬森起司雲」。

沒過一會兒，那道著名的「五種帕瑪森起司」（Five Ages of Parmesan）菜餚上桌了。整道菜看起來就像是一片白色畫布上點綴著淡黃色筆觸。我用湯匙舀起一口熱舒芙蕾，那是由熟成五十個月的帕瑪森起司，混合著細緻泡沫與半塊熟成二十四個月的帕瑪森起司製作而成。接著入口的，是熟成四十個月的圓扁型起司碎塊，搭配由熟成三十個月的帕瑪森起司製成的溫奶油醬，最後讓人驚嘆的是熟成三十六個月的起司冷凍泡沫。這道菜從頭到尾只使用一種食材，然而每一口食材所呈現出的風味，卻令我們整晚驚喜連連。

博圖拉的「五種帕瑪森起司」榮獲當年義大利年度名菜（Italian Dish of the Decade）的榮耀，他個人在烹飪上傳達的深刻美學，改變人們對同一種食材的思考與感官體驗。

人類發揮創造力的成果會為我們帶來共有的美學體驗。記得一九六九年那個夏天，年僅八歲的我看到人類第一次登陸月球的畫面。當時，我和爸媽、姐妹們一同坐在客廳裡，我蜷縮著抱緊膝蓋，緊盯著電視螢幕裡阿姆斯壯（Neil Armstrong）輕輕把腳踩在月球表面的那一步。當時我感到有些困惑，因為阿波羅十一號登月的畫面並不像我最喜歡的電視影集《蝙蝠俠》（*Batman*）那般清晰，老實說過程也沒那麼令人興奮。我那時年紀還很小，根本坐不住，一心只想出去玩。縱使這個觀看經驗不甚完美，但透過電視畫面仍給予我參與人類太空探索的經歷。

阿姆斯壯登上月球的一小步，對許多人來說具有強大的震撼與感動。在我讀小學到中學的年少時光中，每當被問到：「長大後你想做什麼？」許多同學都會篤定的回答：「我以後要當太空人。」當老師在教美俄冷戰，或是教導太陽系的物理學前試圖引起我們的學習動機時，也都會以阿波羅十一號太空艙的照片作為引導。我們這一代人就在這些共同記憶中成長，而這些記憶與經驗也會激發我們創造事物，就像麥可傑克森（Michael Jackson）新創的「月球漫步」（moonwalk）舞步那樣（但實際上，該舞步早已存在幾十年之久）。

那麼，我們該如何激發人們創造新事物？可別搞錯我的意思哦！我並不是指我們得要再看一次人類登陸月球，我指的像是我品嘗博圖拉自創的「五種帕瑪森起司」那種體驗一樣，讓我們的熱情轉向更貼近地球的事物上。那意味著：只要有心，我們就可以去到自己想去的地方；懷抱心中的雄心壯志，甚至將引領我們去到比想像中更遠的地方。

創造全新的文化體驗，會讓人們因為共同的信仰、欲望和恐懼而團結在一起；當我們提到「太空競賽時代」如此，提到「印象派時代」或「戰後時代」時皆是如此。「我們這個時代」，指的是一群人的共同體驗，儘管過程中令人不安、興奮、困惑，結果卻總為我們帶來驚喜。擁有這些體驗過後，我們比以前更加關注所處的世界，更期待發現接下來將會發生的事，也更有自信去把握未知的未來。

締造人類共同的美好體驗，正是美學創造的高度使命。不論是在藝術或科學領域，甚至在餐廳裡提供美好的食物體驗，都是出自同一個出發點。這也是我們舉辦世界先鋒論壇的起心動念。

相遇在世界先鋒論壇

二〇一七年秋天，我們在「實驗室」、「藝術科學咖啡館」，以及哈佛商學院舉辦首屆論壇。在這場論壇出現之前的十八個月裡，我不曾在美國見過任何跨越文化和政治界限的對談。然而在創意界的圈子裡，大家心中其實都渴望有一個地方能讓大家齊聚一堂，找到一種共同的語言，彼此溝通、分享對未來充滿希望的想法。在這場論壇裡，我們秉著跨學科的開創精神，匯聚來自世界各地的意見領袖，將目光聚焦於三十年後、而非五年後的未來，探討不同創造者創造一件嶄新的藝術和科學作品的過程與精神，希望邀請更多人一同投入創意發想的園地。

席間，前麻省理工學院校長暨生物學家哈克斐德（Susan Hockfield）談到「會聚融合」（convergence）這個概念。她指出生物和工程等領域正進行科際整合，試圖創造能維繫未來地球九十多億人口基本生存需求的成果。她還提及一種存在於細胞膜上、被稱為「水通道」（water channels）的膜蛋白，以及她訪問哥本哈根一家名為「水通道蛋白」（Aquaporin）的公司，這家公司目前正在研究淨化水質的技術，希望未來能用更經濟的成本提供人們更純淨的水資源。

另一位講者葛蘭汀（Temple Grandin）則是一位充滿個人魅力的自閉症患者，她談到自己的成長與學習歷程，以及我們該如何看待一個具有獨特生命的個體，並為他們提供公平競爭環境的重要性。康乃狄克大學醫學博士暨再生醫學先驅洛朗森（Cato Laurencin）則在會議中分享一個關於未來的願景，他希望未來軍事用外科手鋸能從戰場消失。他向大家展示一對手鋸的圖像，顯示在美國內戰和伊拉克戰爭的一百三十年裡，這些手鋸幾乎沒有變化。隨著再生醫學與工程技術的發展，洛朗森預見未來傷者嚴重的傷口會自行癒合，被切斷的肢體能再生復原。

前紐約市立芭蕾舞團首席舞者威倫（Wendy Whelan）與編舞家布魯克斯（Brian Brooks）在演講中表演一段原創舞蹈。聯合國副祕書長霍奇查爾德與我們一同討論網路安全的挑戰、不斷滋長的全球飢餓，以及人們對於未來的普遍不滿與無奈的問題。如果未來聯合國能把創新領域視為發展重點項目，或是科學家能意識到世界上仍存在著諸多不幸的現實，共同攜手解決問題，或許未來不會讓人如此不安。

曾在歐巴馬政府擔任廚師暨食品企業家卡斯（Sam Kass）談到全球暖化將為我們的飲食帶來巨大變化。他在演講中展示與「藝術科學咖啡館」大廚科廷（Carolina Curtin）一同發想的餐點，讓人見了口水直流，然而卡斯卻說，這將是我們「最後的晚餐」，因為當地球繼續升溫兩度時，這些天然食材（像是牡蠣、葡萄酒等）將再也難以取得。

世界先鋒論壇舉行期間，時值希利斯的「萬年鐘計畫」展出。這項被倫敦蛇形畫廊策展人奧布里斯特稱為「當今最重要的藝術計畫之一」的計畫，兼具一種引人矚目且深具啟發的公共藝術作品，被普遍認為是先鋒藝術獎的卓越成果。

兩週後，在巴黎畢卡索美術館（Picasso Museum）舉行的國際當代藝術博覽會（FIAC International Contemporary Art Fair）開幕晚宴上，將先鋒藝術獎項頒發給阿特肯。頒獎晚宴前的一次會議上，奧布里斯特、評審團其他成員，以及藝術界人士齊聚一堂，阿特肯談到他在卡特琳娜島（Catalina Island）外的水下展館設施。會議上的引言人是聯合國教科文組織世界海洋遺產負責人杜維爾（Fanny Douvere）。杜維爾警告說，愈來愈多令人擔憂的氣候變化科學數據已對人們產生「麻木效應」（numbing effect），然而放映阿特肯水下展館的神奇影片卻能深深吸引觀眾的注意，當影片中的海豹出現並悠遊展館時，能看到觀眾們露出笑容。杜維爾認為，藝術能夠提供一種途徑，幫助我們更善於講述氣候變化對海洋影響的科學故事。

阿特肯表示，藝術為人們帶來的新鮮體驗足以改變他們的思想和生活。在阿特肯看來，近三十年來人們沉浸在五光十色的聲光效果和不斷加速的資訊流，導致現代人對物質體驗的渴望，不斷探索感官上的極限，而藝術家也總是帶給人們那種令人驚豔、振奮且難以言喻的感官體驗。

慷慨與文化體驗

創造新事物所帶來的美學體驗會帶來雙重的好處：它不僅帶給人價值，也創造出前所未有的價值。

發現和分享價值需要耗費數十年的反覆試驗。這通常包括分享一些諸如手稿、原型，或尚未成熟的作品，而這些東西的價值要低於創作者所承諾的作品最終價值。如果最終未能兌現這份承諾，創造者便冒著再也無法創造出持久價值的風險。著名的作家、科學家、作曲家，以及其他經驗豐富的創作者，都在尋找那些能關注他們未完成作品的各種導師及推動者。這或可說明蘭格花費大量時間發明可溶解聚合藥物粒子的那些年裡，福克曼持續提供幫助；或是當鮑魯斯型塑其對即興劇場的熱情時，有著希爾斯的鼎力協助。在這些導師及推動者的關注之下，創造者最終得以創造出人人感動的作品，是一個獻給全世界的禮物。

在史密斯（Christian Smith）和戴維森（Hilary Davidson）合著的《慷慨的弔詭》（*The Paradox of Generosity*）中提到：慷慨，亦即無私給予他人有益的東西，反而會增加施惠者生活中的幸福感。在針對美國人慷慨習慣的全國性研究中，史密斯和戴維森著重在研究幾種基本的捐贈形式，包括捐款給他人一〇%或更多的個人收入、志願服務，以及持續幫助鄰居和友人。他們調查慷慨如何影響幸福、身體健康、生活目標、減少抑鬱，以及增加個人成長的樂趣。一般而言，相較於完全不給予的人，那些經常給予、懂得付出的人，感覺自己更幸福。

利他主義能激發大腦的獎勵循環。除此之外，心理學研究證實，無私行為也能增加我們的個人能動性（personal agency）[2]、賦予我們積極的社會角色、不再聚焦在自己身上、能感受到豐足、擴大社交網絡，以及更多學習和體育活動的機會。當我們與他人合作，以獲得廣泛且深具價值的事物時，上述所有好處都會降臨到我們身上。在創造重要事物的漫長過程中，這些事情都會不斷深化和延續。

但是，我們給予他人的東西（無論是金錢、個人時間，或是創作成品），真的能為他人帶來我們所認為的好處嗎？事實上，我在本書中描述所有表達生命的軌跡，全取決於在過程中我們是否成功使遇見的人（合作者、推動者、第一批觀眾等）受益。創造可以是令人興奮的，但其永續性是否與真正的慷慨緊密相連。我們可以想像出有一個創造之物未來終將消除貧窮和疾病，但若實現這個夢想的過程中沒有帶來任何好處，也無法改變我們的思想和生活，則實現之路將遙遙無期。

充滿活力的創造之路

我對未來食品的興趣，源於我在非洲所做的吸入式藥物和肺結核疫苗的研發工作。隨著更多資源湧入非洲，另一方面，各種困擾美國的健康問題（主要是與代謝和神經功能障礙有關的慢性病），也隨著傳染病危機加劇而增多。廚餘（包括塑膠垃圾）開始在我旅居的大城市（如約翰尼斯堡和開普敦）市郊堆積。我逐漸相信，醫學科技和技術為藥物和疫苗所帶來的一些創新，在不需要額外巨大研發成本和監理障礙的情況下，有可能會用於食品。而也正因如此，使得我們的許多醫療創新無法真正改變醫療保健的現狀。

在「實驗室」頭一年，我們與法國主廚馬克（Thierry Marx）和巴黎科學家巴貝特（Jérôme Babette）進行一項實驗，採用一種全新的晶球化（spherification）技術，這是一種因阿德里亞而聞名的食品封裝工藝。我想知道是否有可能利用我們在研發

❷ 譯註：意指為了達成想要的目標，人們有意識的進行個人行為，以影響或改變生活中的情境或事件。

吸入型胰島素時學到的知識，用吸入的方式成功攝取食物。經過幾個月的努力，我的學生和我發明出一種用「吸」的方式「吃」巧克力的方法：Le Whif吸入劑。我們用這項產品提供消費者一種不含卡路里的巧克力品嘗體驗；之後，我們也以同樣的吸入方式來提供營養素（如維生素C或B_{12}），這表示除了吞食藥丸這種方式之外，我們也能用另類的方式攝取營養素（特別是約有四〇%的人不喜歡吞藥丸）。

我和法國食品設計師布雷帝洛共同設計出「噴霧食物」（air food）玻璃瓶，我們稱之為Le Whaf。藉由製造各種風味雲（從咖啡到棉花糖），這款玻璃瓶能清楚展示噴霧食物的感官可能性。幾年之後，我們在巴黎舉辦一場「風味雲週末」（Flavor Cloud Weekend）活動，我就是在那場活動上第一次見到博圖拉以及其他頂級廚師，包括澳大利亞阿提卡（Attica）餐廳的舒理（Ben Shewry）、芝加哥摩托餐廳（Moto）的老闆坎圖（Homaru Cantu）。博圖拉創造出一道鴨肉片上有著橘子噴霧雲環繞的菜餚；舒理研發出壽司雲（食客可將玻璃瓶依序穿過各自獨立的風味雲，如薑、醬油、金槍魚，以及芥末醬來「進食」）；坎圖則是創造出一種他自創的「神奇漿果」雲，能將檸檬的酸味變成美粒果的甜味。

噴霧食物是一種罕見的美學體驗，簡單且轉瞬即逝。那時，我開始思考關於氣味作為一種感官訊號這件事，就像光和聲音一樣，並想像如何藉由數位網絡傳遞情感經驗。我和法國設計師阿贊博格（François Azambourg）在「實驗室」做了另一項食物設計實驗。回首過去在非洲看到食品包裝所帶來的垃圾，我想研究食物的外包裝是否能以天然水果代替，亦即以可食用的材料包裝。這個想法於是催生出一家實驗性餐廳，也就是幾年後在劍橋開張的「藝術科學咖啡館」的前身。巴黎的「食品實驗室」（FoodLab）是我將實驗食品體驗融入日常生活的第一步。我很想知道，這類與民眾一同進行的實驗是否能夠持續下去。事實證明，與一般大眾相處的時間愈長，與人們一起試驗、共同學習，愈可能獲得具有持久價值的食物形式。

在巴黎「食品實驗室」，我們以新奇的食物包裝形式來提供食物，亦即將食品或飲料包裹在一種名為「奇異食物」（WikiFoods）的可食用表皮或包裝材料裡。到了二〇一三年，「奇異食物」已成為有機優格公司「石原農場」（Stoneyfield）的品牌之一，在波士頓附近的全食超市（Whole Foods）販售。二〇一五年，「奇異食物」所生產的冰淇淋已在明星超市（Star Market）及波士頓地區的其他商店推出，且標榜不含八種主要的食物過敏原。二〇一六年，「奇異食物」在美國東海岸銷售額持續增長，後來又將公司更名為「神奇食物」（Incredible Foods）。我們在二〇一六年春季研發出「一口咬冰淇淋」和「一口咬水果」（Perfectly Free fruit bites），這項產品是以小型、採取環保可回收材質的外包裝形式，方便消費者隨時攜帶與食用，同時無須擔心因為消費而導致全球海洋汙染和垃圾掩埋場內塑膠氾濫。這項產品後來於二〇一八年冬季正式上市販售。

氣味的神奇力量

二〇一二年，我們在巴黎的「實驗室」舉辦一場展覽，主題是用短訊傳遞咖啡香味。這個概念後來促成Cyrano智慧型氣味播放器的產生。什麼是Cyrano？簡而言之，這是一個利用手機應用程式oNotes App控制的氣味播放器，就如同我們藉由iTunes和耳機來獲取聲音訊號一樣，我們也可以藉由oNotes和Cyrano來獲得嗅覺訊號。在oNotes應用程式中先為氣味序列進行數位編碼，就像是在作「嗅覺筆記」（olfactory notes，簡稱為oNotes）一樣，只要你在手機上按下想聞的味道，Cyrano就會散發出某種氣味，這種體驗就像是聆聽一曲氣味之歌。

人類的嗅覺神經訊號是唯一不需要經過視丘的轉換，就能直接進入大腦皮層區的感覺神經，最後會傳送到大腦主管情緒區域的海馬迴，並與長期記憶緊密連結。沒有任何一種感官知覺能像嗅覺這樣如此深刻的影響著我們的生理、情感與記憶。Cyrano氣味播放器就是希望將氣味融合到我們平日的數位生活中，透過氣味為我們建立一種特殊的情感聯繫，除了從氣味中尋找過去的記憶，更可以運用氣味來創造專屬於自己的記憶。

當我們最早推出Cyrano時，我們以為人們大多會在汽車上使用，透過特殊氣味讓自己在長途通勤時獲得情緒紓緩。結果證實我們的猜測錯誤。在第一年的氣味播放器測試回饋中，我們發現：人們較常在固定場合而非在移動空間裡使用；較常在下午而非早上時段使用；較多在週間而非在週末使用。我們也發現當人們處在工作時段（無論是在家、辦公室，或在前往公司的開車途中），會想使用氣味播放器來為自己營造幸福感，用平靜、愉悅的氣味創造心理的桃花源（例如當吸到防曬霜的味道就彷彿置身海灘），這象徵著人們開始發現，嗅覺也能成為提高工作效率與表現的一種有效方式。儘管在某些人眼裡，這項產品看起來有點奇怪，但這的確成為一種能解決現代人需求的新型態消費者行為。二〇一七年秋季，電影《銀翼殺手2049》（*Blade Runner 2049*）為了宣傳電影時，還特地幫我們宣傳Le Whaf。

二〇一七年，我們首次在芝加哥的西門子（Siemens）展開oNotes平台使用者幸福感測試。在進行測試的過程中，世界先鋒論壇聯合創辦人、哈佛醫學院教授奧希羅與我分享，嗅覺是人類五種感官中唯一不經過視丘的感官知覺，會直接影響我們的行為、情感與新陳代謝。新近生物學和醫學上研究也在在指出，空氣是一種生物訊號的媒介，類似於我們血管裡循環的血液，因此若能善用嗅覺來創造一種消費體驗，就有機會用來抑制人們對某種食物的渴望，降低食物上癮。

空氣通過鼻道帶來氣味分子（scent molecules）或有味物質（odorants），並產生嗅覺。當我們呼氣時（尤其當我們嘴裡含著像三明治或蘇打水等有味道的食物時），又會通過鼻子帶來有味物質。我們的大腦會把吸入的氣息當作氣味（smell），把呼出的氣息當作味道（flavor）。味道還包括其他感覺，例如在咀嚼過程中感受到的味覺和觸覺。味道的圖像會在我們的大腦中形成，就像我們看到東西時會產生視覺圖像一樣，指引我們喜歡或不喜歡那個食物。味道圖像還會促進我們對天然食物的渴望，就像我們口渴和需要維生素C時會想吃橘子一樣。這些過程反映了在人類歷史上一個相對恆定的自然環境中，我們的身體獲得的自然代謝調節途徑。

目前我們所處的合成環境，從吃的食物到建造的城市到人們用來交流的電子螢幕，都與人類以往所知截然不同，也因此，我們的身體已經嚴重失調。今日，口渴的青少年可能更喜歡來一瓶蘇打水，而不是一杯水，從而產生對非自然食物的渴望，甚至對有害的食物上癮。因此，我們從「實驗室」獨立出來的新創衍生公司oNotes，開始與波士頓和紐約的醫學科學家共同開發一項研究計畫，致力於未來的食品體驗。幾年來，我持續運用直覺探索飲食的未來，將數位醫療保健、資訊科技和食品方面的創新結合在一起。

也許有一天，我們可以設計出一種氣味體驗，幫助人們更聰明的飲食。隨著可穿戴電子健康設備收集愈來愈多關於我們身體的有用訊息，我們有機會利用這些訊息來產生包括氣味在內的感官訊號，以引導新陳代謝功能，就像我們的生物已進化到能引導自然界的新陳代謝功能一樣。食物形式（包括各種形式的空氣食物之純口味體驗），可能會根據我們每個人不同的生理情況特別訂製，亦即一種特製的「個性化食物」，在幫助我們的同時，又不會對環境造成危害。

今日，世界各地許多科學家、設計師、廚師和企業家，都在探索一條通往未來食物的道路。未來的食物深具共享性與實驗性，目前已經有無數創造者和推動者共同投入這項研發領域中，例如：布朗（Pat Brown），他曾是史丹佛大學生物學家暨不可能食品公司（Impossible Foods）創辦人，主要目標在開發植物肉；馬爾燦（Geoffrey Von Maltzahn）是農業科技公司 Indigo 創辦人，研發微生物工程農作物；以及瑞哲彼，他是世界級頂尖廚師之一，丹麥哥本哈根諾瑪餐廳合夥人兼主廚，探索以昆蟲為食物蛋白基底的烹飪可能。他們的創意發想開啟著人們對於未來食物的想像，未來有朝一日，我們也能在餐館、商店和農場中獲得更多元的食物體驗。

或許有一天，當我們逐步淘換掉食品外包裝的塑料，我們將學會運用讓地球環境永續的方式維持我們的食物供應來源，這意味著我們必須痛下決心改變人類目前的生活與飲食方式，在享用食物的同時，深刻思考自己的消費習慣對環境造成的影響之間的關係。創造者也必須時時以人們目前實際的經驗與偏好習慣為基礎，透過

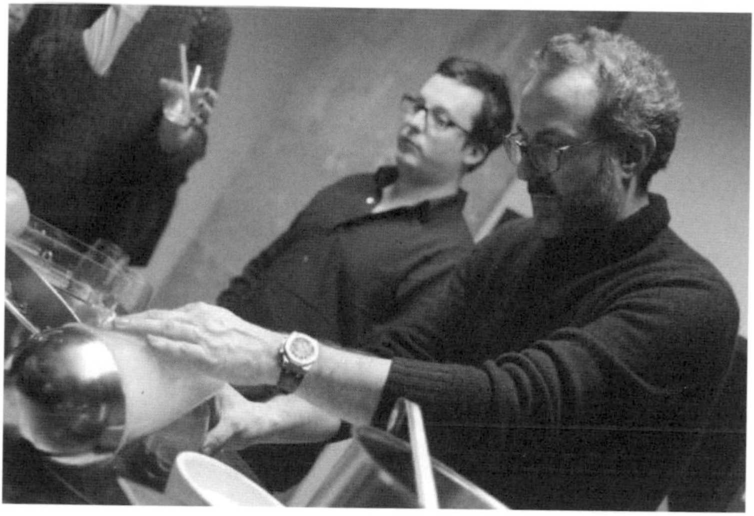

圖16：2011年，主廚博圖拉在「實驗室」舉辦的「風味雲週末」活動上，創造出一片橘子雲。©Florent Déchard

圖17：巴黎「實驗室」（第一區）。
©Phase One Photography

圖18：劍橋「實驗室」，肯德爾廣場（Kendall Square）。©Phase One Photography

圖19：劍橋「實驗室」的大廳入口。
©Phase One Photography

圖20：奇異食物（WikiFood），或稱神奇的食物（Incredible Foods）。該葡萄狀食物內含香草優格，外表是可食用的奇異果皮。©DR---Incredible Foods

圖21：作者與法國設計師布雷帝洛一同發明的氣味闊底玻璃瓶（Le Whaf）。
©Phase One Photography

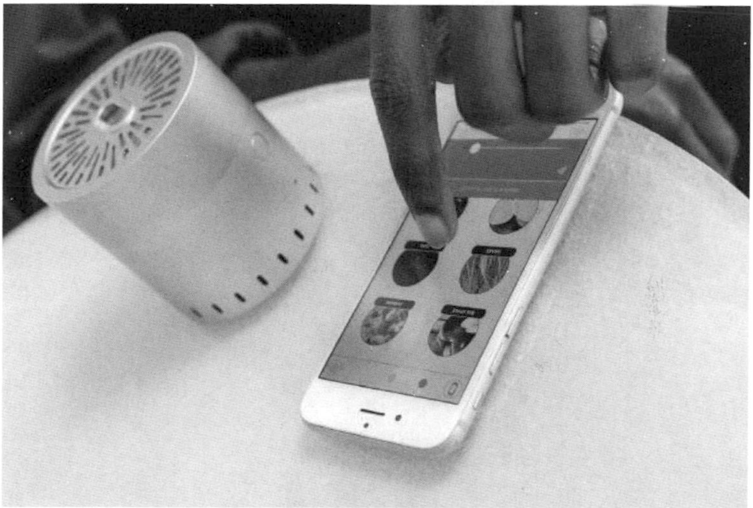

圖22：附有oNotes應用程式的數位揚香器Cyrano。©DR

創造重要之物，讓人們對於自身的未來懷抱希望，即使我們無法在當下立刻做出改變，也有可能讓改變於明日發生。

在未知領域玩得開心

在創設「實驗室」的頭幾年，我們為波士頓和巴黎的高中生開辦一項結合藝術和科學的學習專案。這個專案是延續自我和妻子在賣掉第一家公司「雲基金會」（Cloud Foundation）後工作的重點，我們後來在倫敦和新加坡等許多城市都陸續開辦這個專案長達幾年，像在波士頓，每年秋天我們都會舉辦一個課外活動，讓全市有興趣的高中生都能參加。

有一年，我們邀請到史密斯飛船樂團（Aerosmith）的吉他手惠特福德（Brad Whitford）來為孩子們演講。演講的地點是位於市中心、靠近波士頓公園（Boston Commons）的洛斯電影院（Loews）。當我站在台上介紹講者出場時，學生們抱以熱烈的鼓掌歡迎搖滾巨星上台。惠特福德緩緩步上舞台，他將所要說的話全寫在好幾張三乘五大小的卡片上。他右手拿著麥克風，左手顫抖的握著紙卡，開始致詞。

首先，惠特福德表示自己身為美國先鋒搖滾樂團的吉他手，有時就像是身兼藝術家與科學家，同時也像是一名企業家；畢竟，樂團就是一個新創公司。他繼續說了一會兒，突然間，他把紙卡扔到地上，表示他打算脫稿演出。他抬起頭望著孩子們，聳了聳肩說：「你知道的，我只是玩得很開心。」頓時，在場的每個人都笑著拍起手來，大家彷彿從這位吉他手宣告自己「玩得很開心」之中，獲得深刻的啟發。

惠特福德在這場演講中傳達出深深的感染力。其實他並不是一個好的演講者，他在台上的萬分緊張，讓台下的我也不禁緊張了起來；他似乎太過真誠，還忍不住自曝驚人的尷尬史。然而，這樣一個知名的搖滾明星，原本可以選擇在成千上萬的粉絲面前輕鬆帥氣的彈奏吉他，卻選擇在一個星期四的下午，站在洛斯電影院的舞台上，和高中生大談他的人生。當他在台上告訴大家他玩得很開心時，我們都鬆了好大一口氣。突然間，我們都和他一樣開心。

我們鮮少分享開創性創作所帶來單純而簡單的興奮和快樂。在未知領域，我們並不需要在大腦中權衡每一個發現的風險和機會，並據以決定這種風險是否值得。開創因為有趣所以帶來希望。它能激勵我們。沒有教科書或老師阻擋在前，我們可以自行摸索如何生存的方法，或許在過程中還能發現一些比我們重要的事物（例如史密斯飛船等級的事物）。

這種學習方式不僅涉及跨學科和跨文化的對話和共同創造，同時也意味著打破使我們彼此脫節的組織和機構的傳統界線。

正如今日發生在全國各地的許多校園一樣，在我的大學裡，我們已經開始探索這種利用體驗與美學來突破制度界線的可能性。我們邀請草根創造者運動的創造者和推動者來到校園，並把學生送進校園內的快閃文化實驗室，我們的教職員希望能幫助學生學會發現並享受創發的樂趣。

二〇一七年十一月，正當本書寫作工作將告尾聲，我與時任哈佛商學院院長諾瑞亞（Nitin Nohria）啟動一項非常特別的專案。

二〇〇五年我從劍橋搬到巴黎，當時我認為自己只是暫時離開校園一陣子。然而二〇〇七年我在巴黎開辦「實驗室」時，我已經意識到回歸校園是不可能了，於是決定結束我的學術實驗室。

多年來，我與大學的聯繫僅限於我開設的課程，每年春天當我回到美國時，有二十名左右的學生與我度過一學期。我雖然出席大學校務會議，但我總是保持低調。我要做要學的東西太多了。我不僅想要了解我們所做的事、所創造的事物是否重要，也想知道我們創造的方式（亦即美學的「第三條創造之路」）是否重要。第一次世界先鋒論壇的想法於焉形成。

我來到諾瑞亞的辦公室，想聽聽他對這個論壇能給校園帶來什麼價值有何看法。諾瑞亞從他身為哈佛商學院院長的一天行程和工作開始談起。過沒多久，他便把話題轉移到論壇，尤其是那些觸動他的話題，無論是他意想不到的演講，或是令人驚喜的藝術作品。他似乎將過往身為當代商學院院長的經歷，與一般當代院長並不常見的經歷連結起來。

我原是希望討論世界先鋒論壇的未來，但諾瑞亞顯然想討論學習的未來。

在論壇的展覽中，六塊三公尺高的螢幕上，播放著一系列五秒鐘動作、持續十分鐘以上的影片片段，影片中從嬰兒到八十五歲的烈酒專賣店老闆，呈現出極其緩慢的人體動作，這是紐約藝術家麥可列克（David Michalek）的攝影創作。輕柔的鐘聲在英國作曲家伊諾的作品中響起，這是他為「萬年鐘」創作的報時鐘聲。諾瑞亞問道：「這座鐘是真的正在被建造嗎？我的理解是對的嗎？」我說是的，接著我們聊了一、兩分鐘關於萬年鐘的事。諾瑞亞總結說：「今日我們不缺論點，我們缺少的是經驗。我們的學生應該要創造這類新鮮體驗，最終應用於創造性的職涯之中。」

接下來，我們的談話聚焦在發想如何進行校園實驗。諾瑞亞給我出了個考題，要我在隔年秋天舉辦的論壇中，展示出新的校園體驗。他希望看到我在課堂上與學生研發的創作過程，能在大學內獲得廣泛應用。我得讓大學內教職員和學生參與這項計畫，不管是藝術科系、設計學院或任何其他領域都可以，從而促使一些創新事物的產生。諾瑞亞要我就這個方向給他一個提案，他會設法解決資金問題。他補充說：「如果你這一次能做到，未來辦多少次大概都不成問題。而我會傾力籌募資金。」

從我們的談話中，最後產出一個合作專案，其中涉及校園內多人的參與，主題是「觸摸」。

人類接觸自然的結果就像接觸地球表面幾乎所有事物一樣，留下的印記日益影響生活的品質。「觸摸」（Touch）專案探討的是人類對海洋生物的破壞，源於人類不斷從浩瀚、未被探索的海洋中進行發現、探索並尋找資源的結果。這項專案邀請機器人技術專家、以昆蟲機器人的開創性設計而聞名的工程學教授伍德（Rob Wood），與學生共同研發新型的軟性機器人工具，而海洋生物學家格魯伯（David Gruber）將在進行海洋探索時應用這些工具。幾年前，這項專案在美國國家科學院（National Academies）的一次週末主題會議上啟動，科學家、藝術家、設計師、工程師和其他所有人聚集在一起，針對「深藍」（Deep Blue）的主題發想出一些創新專案。我邀請阿特肯與我們一同與會。我與ＶＩＡ藝術基金會（VIA Art Fund）總裁暨先鋒藝術獎聯合創始人伊凡斯一起，開始與阿特肯談論有關他身為獲獎候選人的事宜。

身為二〇一七年先鋒藝術得獎者，阿特肯說他目前正在馬爾地夫（Maldives）南部的一個島嶼上創作一件由馬爾地夫沙子（珊瑚分解而成）製成的裝置作品。隨著海水不斷上漲，這個島嶼正迅速消失當中。這件裝置作品是由馬爾地夫的兒童和工人一同製作，參觀者可以順著樓梯走進水底的展覽館。這個展覽館的原型來自阿特肯一年前在美國加州卡特琳娜島所做的「水下樓閣」（underwater pavilions）。

馬爾地夫專案是人類文明先鋒的藝術先驅，現在有了伍德和格魯伯的作品，人們也得以接觸到先鋒科學。我們希望在二〇一八年世界先鋒論壇上能展示「觸覺」展覽，方法是在主題為關於海洋生命永續性的晚宴上，邀請伍德和格魯伯說明這項專案。

晚宴的靈感出自哈佛學生迪喬瓦尼（Nicholas Digiovanni），該年秋天稍早時，他參加學校內最受歡迎的創客課程之一。烹飪科學課程由應用科學學院的偉茲（David Weitz）、布倫納（Michael Brenner），以及索倫森（Pia Sorensen）等人教授。這門課程將把世界各地頂級廚師帶到校園，由老師們激勵學生走進實驗室，學習如何創造各種烹飪奇蹟，同時學習隱藏其後的科學。經由這門課程，迪喬瓦尼學到了紐約曼哈頓石頭莊園的藍山餐廳（Blue Hill restaurant at Stone Barns）主廚鮑伯（Dan Barber）的烹調方法。最後，迪喬瓦尼來找我，提出舉辦一場晚宴的想法，其靈感來自鮑伯想在藝術科學咖啡館辦一個關於永續發展主題的展覽。迪喬瓦尼想到的其中一個點子是食物殘渣。經過一番討論之後，我們決定將他的晚宴提議與世界先鋒論壇主要的觸覺美學體驗相結合。

主廚坎貝爾（Allen Campbell）曾是美式足球運動員布雷迪（Tom Brady）和巴西名模邦臣（Gisele Bündchen）的私人廚師。他預計要和桑多（Tenzin Sando）及我們整個藝術科學咖啡館的團隊，共同籌劃一頓以海洋食物殘渣為主題的晚宴。奧維拉（Enrique Olvera）是全球排名前二十、墨西哥市著名餐廳普約爾（Pujol）主廚，他以二〇一八年世界先鋒論壇食品先驅的身分，與墨西哥駐聯合國大使、聯合國內主張海洋永續性的倡導者卡馬喬（Juan José Ignacio Gómez Camacho）一起，加入了這項創意實驗。

海洋中的塑膠垃圾和魚廢料反映出人類自十九世紀後期以來對海洋生物的濫捕。根據世界自然基金會（World Wildlife Fund）二〇〇五年的估計，由拖網捕魚引起的海洋「混獲」（bycatch），導致每天超過有一千頭鯨魚、鼠海豚和海豚死亡。為了凸顯問題的重要性並從中汲取教訓，我們邀請哈佛大學設計研究所助理教授威特（Andrew Witt）一同參與。幾年前我見過威特，當時他在位於巴黎路易威登藝術中心（Louis Vuitton museum）的蓋瑞（Frank Gehry）工作室工作。從那時起，他便持續開發一種掃描和分類材料帶的協議，並從數學上設計了由廢棄材料組成的結構，使其完美貼合在相互連接的表面上。我讓我的學生從威特的工作中發想靈感，創作出烹飪作品。研發基礎來自萊迪和維賽指導的快閃文化實驗室，以及仿效木材日的合作經驗。最終成品出爐，是一個梯形木桌。這張木桌是與維賽密切合作而成，它的表面積是單獨放在狹窄端的白色小盤子的二十六倍（因為我們盤子裡的每一隻蝦，共二十六隻都是海洋中不必要的）。這張二十六比一比率的桌子，成為世界先鋒論壇海洋生命永續性晚宴的一部分。

我們還邀請《從反貧困戰爭到反犯罪戰爭》（*From the War on Poverty to the War on Crime: The Making of Mass Incarceration in America*）作者辛頓（Elizabeth Hinton）參與這項專案。辛頓曾試圖讓被監禁的囚犯以線上學習的方式選修她在學校開授的一門課。可以想見的，在傳統的校園文化裡，辛頓做的任何創舉都不免面臨極大的阻礙，為獄中的學生登記註冊當然也不例外。我們認為觸摸專案可能會對她有所幫助，同時打開另一扇窗戶，讓她看到博雅學院裡這類專案所帶來的無限可能性。辛頓提議製作一部短片，記錄在一個槍枝暴力頻仍的社區中，「觸摸」所衍生的複雜問題，並在論壇上與大家分享這部影片。

這項專案後來引起校園內熱烈的網路討論，我們開始思考這些美學創作和草根創造者運動的過程如何在校園內進行，這是一項跨界實驗，目的是把大學內的快閃文化實驗室變成夢想文化實驗室。

藝術、學習和改變

如果我上大學時學到這樣的創意美學，我可能會是一個更認真的學生。當時的我根本不知道上學對我的意義何在。我沒有什麼動力去學習老師已經知道的東西，最後我發現，自己很難不去注意教室外的世界。

雖然我不是最好的學生，但我很幸運，家裡有一個快閃文化實驗室，還有一位住在家裡的導師：我的老爸。

我還在寫這本書時，他便撒手人寰。在他去世後，我想起許多原本可能被我忽略的事。就像許多創造者一樣，我更傾向於關注當下發生的事，並由此想像未來。我對過去的記憶，大多被我狂野的直覺和信仰所掩埋。然而隨著老爸的離世，這些記憶卻開始變得強烈。

老爸對死亡的態度極為嚴肅。整個過程始於二〇一二年冬天，他罹患敗血性休克，我從巴黎飛回美國陪伴在他旁邊。當時，我們都以為這就是最後相處的時光了。我的老爸雖是個了不起的父親，但並不容易相處，我和我的姊妹都希望媽媽之後能有幾年的旅行生活，而且過得比以往更自由自在。但媽媽不願意，她只一心期盼老爸康復起來。那時的我們，才意識到媽媽脆弱的一面，知道她不願想像沒有老爸的未來。而老爸似乎也終於領悟這一切，彷彿是他對媽媽最後獻上的愛，之後又意外的多活了五年。

直到他在走進一間餐廳時摔倒，引發器官衰竭。在他生命的最後幾個星期，我經常去看他。在與父親共處的病房空間裡，我被困住了，彷彿我才是那個身形日漸消瘦、準備離開這個世界的人。

這段經歷，以及我與父親共有的其他經歷，成了我在父親葬禮上的致詞。我的兒子們坐在第一排。從他們的臉部表情中可看到，我所說的關於我父親的話，已讓他們對自己的爸爸產生新的認識。我感覺有某種情感在自己與兒子之間緩緩升起。我無法言喻。當天稍晚，在美國佛州傑克遜維爾（Jacksonville），當我和家人走到登機門的路上，我最小的兒子西耶瑞若無其事地對我說（彷彿他認定我們彼此都在想同一件事）：「爸爸，我不知道你離世時，我有沒有辦法像你這樣有勇氣談論父親。」

西耶瑞是發自內心說出這段話，我想，他是在探索我對他那天的詮釋及理解的看法，也許他在想，多年前當我看見我的父親失去他的父親時，我是否也有過類似的感受。他的話對我產生深刻影響，幫助我探索自身複雜的情感，告訴我一個世代已經過去，目前所處的地球已經是一個與以往不同的地方。

經由分享美學經驗，讓我們彼此之間變得更加親密，在某種程度上，我們是攜手共創未來。我們今天需要共享的，正是這種原始、令人驚豔、關於美學的體驗。

說到未來，畢竟，我們全在同一艘船上。三十年後，我們將以截然不同的方式飲食、獲得醫療保健、溝通、旅行、學習和工作。我們只會以永續的方式來做這些事情。

優雅的改變需要採取前所未有的合作方式。例如，若不從生物學、能源、交通、醫療保健、設計、工程等先鋒領域的發現中獲益，我們便無法找到一種新的永續的飲食方式。

除此之外，關於這個集體未來最真實的一點是，它必須是我們每個人都渴望的未來。我們所有人（而非只有少數人）都必須改變自己在這個星球上的生活方式。未來與其說是一個關於發明創造或開創性發現的問題，不如說是一個從最幸運到最不幸的人、全人類集體願望的問題。

這就需要文化交流。我們彼此之間必須相互了解：要如實說出能充分表達我們所思所感的言語，而不是說出自認為別人想讓我們說的話；要傾聽身邊的人在說些什麼；直覺的聽到彼此意見而不妄加批判和改變。我們必須關心別人的想法，因為人並非孤島。

這種投入、富表現力的對話與銷售產品無關，也與娛樂和政治無關。這是最優秀的科學家在科學創新領域所做的事，也是最好的藝術家在藝術創新所做的事。

柯爾曼（Cady Coleman）是一位退休的NASA太空人暨美國空軍軍官。她曾三次乘坐太空梭（分別在一九九五、一九九九，以及二〇〇一年），最後一次飛行任務延續一百五十九天。在飛行任務期間，柯爾曼進行開創性的科學實驗，並親自指導錢卓拉X射線天文台（Chandra X-ray Observatory）的太空部署計畫，這座天文台與哈伯太空望遠鏡同屬「四大軌道天文台計畫」（Great Observatories）的一部分。柯爾曼在第一屆世界創新論壇接近尾聲之前談到這個經歷，並分享她在太空中拍攝的照片和影像。

柯爾曼認為，太空旅行對於人類尋找資源和新的生活環境至關重要，而生活在太空本身就已經是非凡之舉。甚至當你從一個地方要到另一個地方，都是一種冒險！在你穿越太空站時，你根本無從知道哪條路是往「上」，實際上你沒有理由提到「上」或「下」，除了需要一個約定，如此你便能在通道裡遇到人時不用頭朝下盯著他們看。她和團隊成員發明出許多遊戲。他們以各種精心編排的方式飛過太空站，只是為了看看它的樣子和感覺。他們以前所未有的方式睡覺、吃飯和休息。

柯爾曼把她的長笛帶上太空。有次，當她在太空船上吹奏時，傑叟羅圖樂團（Jethro Tull）的搖滾樂手安德森（Ian Anderson）也在地球上與她同步吹長笛。她還和其他太空人合組一個樂團，其中包括加拿大太空人哈德菲爾（Chris Hadfield），他曾在太空中用吉他演唱並演奏鮑伊（David Bowie）的〈怪異空間〉（Space Oddity）。

與太空人朋友一同創作音樂，讓柯爾曼得以分享她身為開創者的經驗，並使她以嶄新的方式重新回味這種生活。她告訴我們，在遠離人類文明之後，你再也不會用以往的方式看待地球，你會將地球視為窗外一個有限（並非永恆）的物體。柯爾曼在描述她完成最後一次太空任務後、開車穿越麻州西部的森林回家的過程，以及與丈夫辛普森（Josh Simpson）重聚的場景，結束這場演講，彷彿她的生活重新開始。

柯爾曼的探索生活完全捕捉到一種精神，亦即以前所未有的方式，創造出別人渴望且未曾有過的東西。正念、直覺、富有表現力（或美學）的經驗，是我們最偉大的藝術家和各種先驅者的生活特徵，也是每一位前途未卜的聰明人的特點。

藉由美學之路，人類得以生存，不斷以造福更多人的方式重塑未來。無論何時，當我們發現自己處於先鋒邊緣時，關注自身以外的東西對我們總是有利的。

我們完全有理由和機會，現在就走上「第三條創造之路」，共同創造一個我們所希望的未來。

謝辭

由於許多人的鼎力協助，使得本書能順利出版，我要在此特別致謝。

本書的寫作計畫源自於二〇一四年十月，我為《連線》（*Wired*）雜誌寫的一篇社論文章〈美國目前正訓練孩子為一個不存在的世界做準備〉（American Schools Are Training Kids for a World That Doesn't Exist）。這篇文章刊登後，一位極具遠見的文化管理領域專家柯恩（Arthur Cohen）給予我許多肯定與建議，同時吸引作家經紀人希爾伯曼（Jeff Silberman）的注意。一年後，我和希爾伯曼在比佛利山莊（Beverly Hills）共進午餐，促成這本書初步構想的成形。

在寫作書稿的過程中，西雅圖保羅・艾倫基金會董事史加拉克給予許多建議，最後由霍爾特（Henry Holt）出版社的傑出編輯布雷克（Gillian Blake）編輯完成。

我要特別感謝布雷克以及助理編輯兼小說家斯莫諾夫（Ryan Smernoff）在深思熟慮的閱讀過後給予指教，讓這本書順利出版。

我還要特別向以下幾位朋友表達誠摯感謝。我在哈佛大學的同事艾默伯（Teresa Amabile）及其夫婿克萊姆（Steven Kramer）一同閱讀部分草稿內容，協助我釐清方向。藝術家阿特肯為我與加州大學洛杉磯分校（UCLA）的神經科學家暨創意專家比爾德（Robert Bilder）牽線，我們三人在加州聚會時的交談，令我獲益匪淺。蘭格針對書中所有神經科學相關內容，提出許多重要見解。才華洋溢的神經科學家芬頓（Andre Fenton）更特地利用在波士頓為生技公司Nova拍攝一系列紀錄片的空檔來找我談天，他的意見讓我受用無窮。

在寫作這本以創意美學實驗為主題的書籍時，我遇到許多慷慨得令人難以置信的朋友。首先，我要感謝接受訪談的先驅創造者們，他們都極其真誠分享他們的思想和生活，令我受寵若驚。感謝伊凡斯、辛蒂（Cindy）和里德（John Reed）以及卡森（Bob Carson），沒有他們的協助，我根本無法完成這本書。最後，我要感謝我的家人，長久以來給我的無限耐心及支持。

國家圖書館出版品預行編目(CIP)資料

哈佛創意美學課：鍛鍊商業美學力，打造改變世界的暢銷商品 / 大衛・艾德華斯（David Edwards）著；許玉意譯. -- 第一版. -- 臺北市：遠見天下文化，2020.07
336面；14.8×21公分. --（財經企管；BCB698）
譯自：Creating Things That Matter : The Art and Science of Innovations That Last
ISBN 978-986-5535-16-2（平裝）
1.創造力 2.創造性思考 3.美學

176.4 109007655

財經企管 BCB698

哈佛創意美學課

鍛鍊商業美學力，打造改變世界的暢銷商品

Creating Things That Matter：
The Art and Science of Innovations That Last

作者 — 大衛・艾德華斯（David Edwards）
譯者 — 許玉意

總編輯 — 吳佩穎
書系主編 — 蘇鵬元
責任編輯 — Jin Huang（特約）
封面設計 — 張議文
內頁版型 — FE 設計

出版者 — 遠見天下文化出版股份有限公司
創辦人 — 高希均、王力行
遠見・天下文化・事業群　董事長 — 高希均
事業群發行人／CEO — 王力行
天下文化社長 — 林天來
天下文化總經理 — 林芳燕
國際事務開發部兼版權中心總監 — 潘欣
法律顧問 — 理律法律事務所陳長文律師
著作權顧問 — 魏啟翔律師
社址 — 台北市 104 松江路 93 巷 1 號
讀者服務專線 — 02-2662-0012 ｜傳真 — 02-2662-0007；02-2662-0009
電子信箱 — cwpc@cwgv.com.tw
郵政劃撥 — 1326703-6 號　遠見天下文化出版股份有限公司

電腦排版 — 立全電腦印前排版有限公司
製版廠 — 東豪印刷事業有限公司
印刷廠 — 祥峰印刷事業有限公司
裝訂廠 — 中原造像股份有限公司
出版登記 — 局版台業字第 2517 號
總經銷 — 大和書報圖書股份有限公司｜電話 — 02-8990-2588
初版日期 — 2020 年 07 月 17 日第一版第一次印行

定 價 — 450 元
ISBN — 978-986-5535-16-2
書 號 — BCB698
天下文化官網 — bookzone.cwgv.com.tw

天下文化
BELIEVE IN READING